読書・満漢全席

本に関するコラムと古本ミステリー＆ＳＦ

植沢淳一郎

前書き

『読書・満漢全席』とは、大仰な名前をつけたもんだとお思いでしょう。はっきり言って、名前負け。その通りなのです。「満漢全席」と言えば、「中国料理で、二〜三日かけて食べる、山海の珍味を集めた料理の称。満族と漢族の全ての料理の集大成の意。ツバメの巣、フカの鰭、熊の掌、象の鼻、蛇、猿なども用いる」（三省堂・大辞林・第二版）のだそうですから、恐れ多くて、見ただけでも、その豪華絢爛には目が眩む。別の書物によれば、「中国清朝の乾隆帝の時代から始った宮廷料理で、百種類以上の極めて多くの料理品目からなっている」と。

そんな豪華な食卓を前に、どこから手をつけていっていいのやら？　迷ってしまい、ただただ圧倒されて……といったところでしょうか。

さて、そんな豪華な「満漢全席」に匹敵するような「読書」の献立が、果たして並べられるのか。そもそも、前菜は一体どんな書目になるのか。とても、筆者のような浅学非才の者には全く考えも及びません。

それでも敢えて、この本のタイトルにしたのには、若干分けがあります。前菜も貧相だし、どれが主菜になるのやら、見当さえつかないものながら、本に関するコラムと、古本ミステリーに加えてSF私小説までをも盛り込み、一冊で三冊の味が堪能できるようにしたからに他ならないからです。「一石二鳥」、「一挙両得」以上にお得な読みものになるように努めたつもりなのです。が、力不足は否めません。「眼高手低」で一、二章で言ってることと三、四章の実作とでは差がありすぎるのも事実です。味は薄味だし、出汁は殆どきいておらず、具材は入っているのかいないのか、料理の種類から見ても「満漢全席」にはほど遠い。というのも承知の上でご賞味ください。

第一章と二章では、前著に続き「本」にまつわる話あれこれを、並べてみました。こんな軽いものなら、胃の負担にもならずに済むはずです。とはいえ、若干ではあっても栄養分はそれなりに摂れるようにと試みました。こってりの料理も悪くはないが、胃腸の良くない御仁には不向きでしょうし、却って具合を悪くするようなら、食べない方がいいことだってあるのです。胃腸も丈夫で、こってりした重いものを食べたい御仁は別の本を御堪能ください。ブンガクでも、テツガクでも、重い書物は山のように出ております。

第三章は、古本ミステリーで、古本マニアであれば、きっと似たような経験をしているはずです。夢か現か幻か。本当の世界は、どこに存在してるのやら。

第四章は、SF私小説。といっても、果たして小説と呼んでいいものやら。懐かしの一九七〇年代に少しでも、タイムスリップできるのなら……といった中高年オヤジの願望に過ぎないのかもしれません。

読み終わって、心に潤おうものがあるとすれば、筆者としては、これに勝る喜びはありません。尚、今回も各章の扉には、書店の書皮から警句を掲載させて頂きました。（合本『書皮報』（書皮友好協会）の「カバーの名句」より）ここに感謝の意を表します。

とまれ、この本を手にとって少しでも共感された読者がいるとするならば、望外の幸せで、「皆さんの前途に幸いあれ！」と祈りを捧げます。

植沢淳一郎

平成二十八年二月吉日

【目次】

前書き 3

第一章　戦後七十年及び、乱歩没後五十年の風景

まえせつ 13
戦後七十年で考えたことなど 14
情報・戦争とスパイについて……濱田浩一郎『大日本帝国の情報戦』（彩図社）… 20
戦争のなかの人間を読む……大岡昇平『俘虜記』『野火』『レイテ戦記』（新潮文庫・他）… 25
戦記文学の最高峰・『戦艦大和ノ最期』を再読する……吉田満『戦艦大和ノ最期』（講談社文芸文庫）… 34
映画『日本のいちばん長い日』・新旧の二作品 43
戦争の証言を記録する価値……楠山忠之監督「ひとりひとりの戦場・最後の零戦パイロット」… 54

ヒトラーと隠し財産の行方は　…R・M・エドゼル『ミケランジェロ・プロジェクト』（角川文庫）… 59
三島由紀夫的美学『憂国』に想う　…三島由紀夫『憂国』（新潮文庫）… 65
乱歩への熱きオマージュ　〜江戸川乱歩・没後五十年（二〇一五）に寄せて〜　…『江戸川乱歩傑作選』（新潮文庫）… 70
一九六二年の推理小説展望　…『思想の科学』・昭和三十七年十月号の「特集・日本の推理小説」を読む… 77
推理作家・木々高太郎と大脳生理学者・林髞の間 86
歴史探偵という斬新さ　…鈴木武樹編『安吾の古代史探偵』（講談社）… 92
ミステリーの陥穽を解剖　…木村晋介『キムラ弁護士、ミステリーにケンカを売る』（筑摩書房）… 96

第二章　ホンの立ち話

まえせつ 103

定年後の読書　…勢古浩爾『定年後に読みたい文庫一〇〇冊』（草思社）…　104
山書を愉しむ　118
ブラタモリ・散歩・地理事典　126
鉄道趣味の世界　…小島英俊『「世界の鉄道」趣味の研究』（近代文芸社）…　130
秘密結社・フリーメーソンリーのことなど　134
エジソンバンド、睡眠学習、百マス計算、エセ科学　…C・チャップス／D・シモンズ『錯覚の科学』（文芸春秋）他…　139
発想力を刺激してくれたカタログ　145
転身力で教授職に　…小川仁志『市役所の小川さん、哲学者になる・転身力』（海竜社）　149
一九六〇年代の街角風景　…地元の個人商店街がまだ生き生きとしていた頃…　152
高度経済成長と共に突っ走った東宝映画　…昭和が生んだ爆笑喜劇の大傑作・「日本一のゴマすり男」…　158
人生に迷う者へ・人情の機微とは　…安藤昇『王者の煩悩』（コアマガジン）…　163
黒駒勝蔵という男の任侠道　…愛川欽也監督「明治維新に騙された男・黒駒勝蔵」…　168

なぜ彼らは一代で成り上がれたのか　…河合敦『豪商列伝』（ＰＨＰ）… 172
「あさが来た」（幕末から維新にかけて）の時代 176
第三章　古本ミステリー
…夢のなかの古本屋…　「獲り逃がした獲物」 181
第四章　ＳＦ私小説
…神田わが町…　「懐かしの喫茶店」 219
後書き 267

装丁　新田純

第一章
戦後七十年及び、乱歩没後五十年の風景

カバーの名句……いかに有益な書物といえどもその価値の半分は読者が創るものだ。ボルテール（六甲・南天荘書店）

◆まえせつ◆

平成二十七年は、あの忌まわしき第二次世界大戦（大東亜戦争）の敗戦から丁度七十年が経過したこともあって、先の大戦の悲惨を問うた作品や評論が多く発表されたが、現実は、安倍首相の戦後七十年談話であり、集団的自衛権行使の安保法制の強行採決であった。憲法無視の安倍首相は暴走し、正に独裁に突き進もうとさえしている。こんな筈では……と思っても後の祭り。残念ながら、そんな自民党に多くの議席を与えたのも事実なのである。さらに、二〇二〇年開催の東京オリンピックについても新国立競技場やエンブレムを巡っての不手際も問題になった。日本の前途多難を予想されるトラブルに見舞われもした年であったような気もする。

また、奇しくも江戸川乱歩の没後五十年にもあたって、これについては新たな光も当てられ、テレビやラジオをはじめ出版物も多く企画・発行され、新たな乱歩ファンや推理小説の読者を開拓、発掘させたといってもいい。

そんな戦後の風景を覗いて見ることで、今一度、戦後の原点からを振り返ってみることも必要ではなかろうか。今後に示唆を与えてくれる何かが得られるはずである。

戦後七十年で考えたことなど

平成二十七年は、安倍首相の「七十年談話」の発表もあってか、特にマスコミでも先の戦争のことが大きく取り上げられた。映画でも「日本のいちばん長い日」や「野火」をはじめ、割と多くの作品が上映されたし、テレビの番組でもNHKや民放で良質な作品が放映された。戦争を知らない世代が九割以上になり、戦争の悲惨を体験的に伝えることが容易でなくなってきた以上、本や映像に残すことで、伝えていくことこそが重要になってきたともいえる。

筆者が、今夏（八月十五日を中心に）観たテレビ番組で印象に残ったものを取り上げてみる。放映された番組名の曜日やタイトルは正確には覚えてはいないが、NHKやその支局、また民放（山梨放送）のローカルで流れたものであった。

一つは、NHKのアーカイブスで映画評論家で日本映画大学の佐藤忠男学長をゲストに迎え、二本の番組をまとめて放映したものであった。佐藤の適切なコメントは、当時十四歳の少年飛行兵であったことを踏まえてのもので、リアリティーがあった。

そのなかで特に印象に残ったものは「苦悩する教師」というようなタイトルで、四半世紀程前のフィルムであった。それは丁度、昭和二十年の八月十五日、戦争が終わった後に、児童生徒への対応をどうするかについて喧々諤々とする教師達の苦悩であった。戦争前までは、国家からの命令であるにせよ、子供達には「教育勅語」を強制し御真影を毎日拝ませ、「神国日本は負けるようなことはない」と軍事教練に励ませていたことであった。が、それが、一挙に百八十度転換、民主主義を教えなければならないという矛盾した立場に追いやられることになった。夏期休業中なこともあって、子供達に会う二学期までに職員会議は何度となく開かれて話し合いが持たれたと、その教師は過去を振り返って言う。子供達に間違ったことを教えていた、真実を教えてこなかったから謝罪すべきだという意見もあれば、国家からの命令でやったことだから何も謝る必要などないといった意見もあり、結局結論は出ずじまい。県の校長会での意見としては、当分は静観して結論は急がず、上からの方針が出るのに従おうではないか、といったところに落ち着いたらしい。が、その教師は、二学期のはじまる前までに子供達に作文を書かせて、どんな風に敗戦について考えているかをみることにした。

ところが、驚いたことに九割以上の殆どの子供らは、何と「アメリカにやられて悔しい」「アメリカをやっつけたい」「二度とこんなことにならないよう絶対に次には負かしてやる」といったような、敵愾心に充ち満ちたものであったという。教師はこれでは、いけないと即座に思ったという。二学期の始業式で、子供達に謝罪し、真実を話したという。

日教組のスローガンにある「教え子を絶対に戦場に送るな！」も、こういった反省の上に立ってのものであったのだろう。御上からの命令だからといって、それに疑問を持ちながらも、間違ったことを教えて戦争に協力させ、戦場へ多くの子供達を駆りたて死に追いやった。その責任の重さは計り知れない。先の大戦の痛烈な反省であると、その教師は述べた。日本という国家を過たない方向に進めていくためには、政府の方針に黙って従っているようでは駄目で、おかしいと思うことには進んでノーと言い、起ち上がらねばならないと。

教育塔というのがある。今ではその塔の意味を知る人さえ少ない。災害や事故で亡くなった児童や人命救助などで殉職した教師などを慰霊する施設である。が、そもそもは、教育勅語や御真影を守るために逃げ遅れたり、台湾や朝鮮で匪賊に襲撃されたりして亡くなった英霊を合祀する目的で一九三六年に完成し、国威発揚に利用されたものだったのである。日本初の全国的な教育団体「帝国教育会」は、戦時下に入ると国家総動員体制に協力し「教育塔は永遠不滅の教育報国の殿堂、教育招魂社」となって教育翼賛団体となってしまい、大日本教育会に変質する。戦後、日本教育会となり解散したが、日教組がこれを受け継いで、管理・運営している。教育塔は、殉職賛美の教育の靖国で児童生徒を戦争に駆りたててきたことを考えれば、矛盾せざるを得ない。やはり、戦争やむなしではなく、戦争に至らせないために行動することこそを考えねばならない。

戦後七十年、再び苦い過去を忘れ、憲法無視の集団的自衛権、安保法制に強引に舵を切った安倍内閣。あれだけ騒がれた「安部談話」についても、歴史的教科書的解説のような何らの主張も見いだせないものでは、談話を発表するほどの意味が果たしてありしや。対米追従政策では、歴史に何ら学ばずに来た道を再び繰り返すことになりわしまいか。御上のこととて、おかしな振る舞いには、きちんと反論し行動せねば、同じ過ちを繰り返すことになりかねない。歴史の教訓を生かさねば、新生日本のためにといって死した英霊に申しわけが立たないではなかろうか。

さて、二つめは、NHKの静岡支局が製作したもので、陸軍戦車少年兵学校の元少年兵に聞く番組であった。日本の戦車は九七式中戦車と呼ばれる対歩兵用のものであるため、装甲が一～二センチ程度しかなく、ソ連の戦車からの弾は当たれば貫通して、即死の状態であったらしい。生き残った元少年兵らも、現在は九十歳前後らしいが、皆、矍鑠としていて凜とした佇まいに舌を巻いた。そして、少年兵学校で学んだこと、それは戦車の取扱いはもとより、最後の自決の方法に至るまで全てを記憶している様には驚かざるをえなかった。勿論、二度と戦争はするべきではないと後悔している旨の発言もある一方、生死は時の運、天命でそれを全うするまで生きて戦うという信念をもっている方もおられた。

ともかく、戦車少年兵学校の教育は（鉄拳制裁も命に関わることであれば当然で）身をもって教えられたが故に、その成果は戦後七十年を経ても健在であることを実感した次第。

三つめは、山梨放送製作の「旧豊村満州開拓団の悲劇」というタイトルのものであった。これも涙なしには語れない。

そもそも満州への開拓移民が始まったのは昭和七（一九三二）年の満州国建国からであり、その年の秋には、第一陣として東北六県より五百名が入植した。しかし、抗日武装ゲリラの襲撃や悪疫で多くの死者が出た。昭和十一（一九三六）年の二・二六事件後、広田内閣は「二十年で百万戸、五百万の満州移民」計画を国策とすると、翌年には満蒙開拓青少年義勇軍も生まれる。また、日本国内の村を親村として分村移民をさせる入植方式が採られ、開拓民には治安維持と対ソ戦に備える屯田兵としての役割を担わした。山梨からも、先遣隊からの移民を含めおよそ三百名が農村恐慌に喘ぐ国内から「王道楽土」建設を目指して満州に渡った。が「五族協和」にはほど遠い実態であったことが、匪賊を生み土匪に手を焼き、敗戦の八月十五日以降には日本人が殺される羽目にもなったといえよう。青少年義勇軍の志願者は茨城の内原訓練所で内地訓練を受け現地へ散っていった。このように満州移民は「日満一体の国策」としてあらゆる方途で宣伝、奨励され、山梨のような耕地狭隘なところでは、移民こそが唯一の窮乏打開策として、学校の教師もしつこく勧誘したという。国や県からの強力な勧めというより割り当てさえあって、教師らは強引に開拓青少年義勇軍になるようにと各戸を廻ってまで勧誘してしまったと。昭和十三年、豊村からの分村移民は五十五戸、百六十五人に達した。本来は中国農民が開拓した土地を強制的に買い上げたものであったが故に、開拓団は常に襲撃の対象とならざるをえなかった。悲劇は、戦局が傾いて、満州にも「根こそぎ動員」がかけられ、残ったのは女子供のみになった時に起こった。ゲリラに襲われるより、集団で自決した方が良いと「生きて虜囚の辱めを受けず」などの戦陣訓を持ち出され、ダイナマイトに火をつけ、また銃で家族を殺めることもしたとのことであった。さらに、敗戦後には極寒のシベリアへ抑留されたり、現地に取り残され中国残留邦人となったり、身元が判明しなかった者もいた。

最後に、「(『王道楽土』を夢見て渡ったのに、十三年余で)どうして、こんなことになってしまったのか?」「戦争で一番割を食うのは庶民であって、権力者ではない」との言葉が強く心に残った。

他人の土地を横取りし、満州帝国とは名乗っても、実態は傀儡政権に他ならない占領政策・植民地主義では、大東亜共栄圏などといったところで、そんなものは「絵に描いた餅」幻に過ぎなかったのではなかろうか。「満州帝国」は、滅ぶべくして滅んだ「幻の帝国」であったといえよう。

情報・戦争とスパイについて

……濱田浩一郎『大日本帝国の情報戦』（彩図社）……

いつの時代であろうと､情報が重要であることは論を俟たない。国家の命運もそれによって左右されてきたと言っても過言ではなく、特に近代戦になればその重要性はさらに高まる。

ところで、過去の日本でも、情報の重要性は知っていたし、情報戦に勝利すべくそれなりに準備もしてきたはずではあった。しかし本書の帯にもある通り「帝国の躍進も衰退もその秘密は情報戦であった」といえるように、情報の重要性を認識し、対応していた時代、日本は強かった。が「大本営発表」という言葉にもあるように、ウソが平気でまかり通るような時代になってしまえば、国民の誰もがそれを信ぜず、正に衰退していかざるをえなかったのである。

さて、戦後七十年で再刊された毎日ワンズ刊の『私は真珠湾のスパイだった』は、昭和三十八年に講談社から刊行された吉川猛夫の『東の雨、風……真珠湾スパイの回想』に手記を付加し再構成したものだが、ＮＨＫテレビでも取り上げられ、話題を呼んだ。本書のなかでも、第一章の「太平洋戦争・激烈な情報戦の真実」として最初に取り上げられている。太平洋戦争の端緒となる真珠湾攻撃に際し、一九四一年の一月に山本五十六より送られたスパイがホノルル領事館の書記生・森村正（海軍少尉・吉川猛夫）であった。

吉川は情報を入手するためにタキシード、背広、アロハにスポーツウェアを買い込んで変装し、「春潮楼」という湾が見渡せる料亭では目的を隠すために芸者を揚げて騒ぐこともしたという。十月下旬には最後の民間船「竜田丸」の事務員になりすました中島湊少佐に九十七にも及ぶ調査項目の回答を徹夜で作り渡し、十一月以降になると艦隊の動向を逐一知らせていたという。幸いにも彼の行動は日本人移民やハワイの日系人に知られることなく、その善意を利用して行われた。また、本人さえ真珠湾攻撃のことについては知らされておらず、それがために開戦後は、他の総領事館員と共に軟禁状態ともなって収容所に送られるも、証拠不十分で正体が発覚することもなく起訴されずにすんだことから、戦後、戦犯として裁かれることもなかったらしい。もっとも、敗戦後に彼は妻子を松山に隠し、自らは闇屋となったり、また静岡で禅寺に身を寄せたりするなど逃亡生活をしたこともあって、なんとか免れ得たというのが実態のようである。

本人は戦後、ＧＨＱが戦史を編纂するための聴取に応じたり、スパイ中に利用したハワイの日系人に対して後悔し、謝罪したりしたのも、真珠湾でスパイ行為をしたのは、自分ただ一人のみだという、他の日系人への偏見を消すためのものであったらしい。

この本の中には書かれてはいないが、ＮＨＫの番組では、インテリジェンス（諜報機関）

による情報戦が米・英・ソでは活発に行われていて、（新川＝F・ラットライトという日米の二重スパイの存在さえイギリスに把握され）日本の南部仏印進駐の情報も解読されていたという。アメリカでも、ミッドウェー以前に既に日本語の暗号はほぼ解読されており真珠湾攻撃も、吉川のスパイ行動もすっかり把握され、泳がされていたらしい。となれば従来の定説は覆り、真珠湾攻撃をアメリカは前もって知っていたとなる真珠湾陰謀説が有力になってくるのだが……。

とまれ、太平洋戦争では（末期に入ると）貴重な情報が入っても、軍の上層部にとって都合が悪ければ、それは握りつぶされてしまうなどして、客観的、冷静に分析するようなことは全くないばかりか、上層部は常に楽観論で広島に原爆が落とされた後でさえも、危険なコールサインを傍受しながらも長崎に空襲警報すら出さずにいたというご粗末さで、情報の価値をいかに軽く見ていたかが分かろうという事実が述べられている。（開戦時の大本営第二部の人数はわずか二十二名、昭和十八年からでも四十名のみが情報担当のスタッフの全てでは、その四十五倍の人数を擁したアメリカとは分析能力の点でも比較にならない）

本書では、第二章で「明治日本の情報攻防戦」を取り上げ、日清・日露で情報戦に勝ってきた経緯（通信網の整備、先進技術の積極的摂取、謀略工作や広報外交）などについて詳述している。第三章の「日本の情報戦・衰退の謎」では、日露戦争からのおごり（相手を過小評価すること）が衰退を早め、以来、武官や情報機関の人間が的確な情報をもたらしても、洞察力を欠いた上層部は情報を押しつぶしてしまうという悪弊が太平洋戦争まで続くことを具体例と共に述べる。そもそも、作戦課のエリートらは精神論ばかりで彼らを舐めてかかり仲間を見下す始末だから、情報や警告を軽視した作戦計画しか立案せず、米英との格差は広がるばかりであったという。ゾルゲや総力戦研究所のことにも触れ、衰亡の一途をたどることになった日本の宿命を辿る。第四章では「大日本帝国・謀略組織の闇」について、陸軍中野学校、登戸研究所、七三一部隊、憲兵や特高、特務機関についても紹介しているが、これらは旧聞に属する事柄でもあるので、あと少し掘り下げた内容が欲しかったところではある。さらに第五章「敗戦・スパイたちの戦後史」では、謀略組織の面々の戦後の動向が語られている。

平成二十五年、我が国でもＮＳＣ（国家安全保障会議）創設の関連法案が通り、国家情報局などが設立されて、世界各国の諸諜報機関と競うことにもなろうが、要はそれを生かす仕組みがとられなければ、戦前の総力戦研究所の警告が無視されたようなことにもなりかねない。日本国の対応の甘さには、外務省などの情報音痴に如実に表れているように、今後の熾烈極まる情報戦に心配にならざるをえないところもある。

さらに、公的機関の情報流出も常態化しているきらいもあり、マイ・ナンバー制度云々が論議されるようになってきている昨今、個人情報やセキュリティーの問題についても多く指摘されているように、ＩＣＴの時代なればこそ、その重要性と危険性についての認識を新たにしなければなるまい。国民一人一人がしっかり、見守っていかなくてはならない時代になった。

戦争のなかの人間を読む

……大岡昇平『俘虜記』『野火』『レイテ戦記』（新潮文庫・他）……

大岡昇平の『俘虜記』は戦後いち早く（昭和二十二年二月「文学界」に）発表され、横光利一賞を受けた出世作でもあった。さらに続いて創元社より短篇集『俘虜記』そして『合本俘虜記』（これは『俘虜記』と『続俘虜記』『親しき俘虜と古き俘虜』の三つの短篇集から「一連の俘虜の記録」を集めたもの）を出版した。

いうまでもなく、この作品は、大岡が三十五歳で（昭和十九年六月）教育招集から臨時招集され（七月）フィリピンに送られてからの体験を赤裸々に綴った戦記文学の傑作といっていい。当時の日本人（の読者、特にインテリ）に与えた影響……なぜ米兵を撃たなかったか、なぜ自分は自殺しなかったか、なぜ俘虜（捕虜）になったかについての問いかけ……は計り知れない。これらの問いに対しては、以後の『野火』『レイテ戦記』も執拗に繰り返して出てくる命題でもある。勿論、今の時代（戦後七十年を経た）日本人には、分かりづらいところもないではないが、没入してみれば、熱帯のジャングルにいるかのような蒸し暑さや飢餓感、疲労感とを脳内に感じ、ついつい引き込まれて読了してしまうことになる。筆者が久しぶりに再読したのが八月ということもあってか、額や脇の下から出る汗を拭いつつ、敗走する田村一等兵になったような気がして一気読み、脳や体への軽い疲労感を感じたものだった。若かりし日（学生時代）に読んだ時とは、また別の感傷に浸ることができたのも事実である。字面からのみ受け取る印象だったのに対し、三十年余の経験の澱が、より深く感じさせてくれたのかもしれない。

さてその書き出しは、最初に親鸞の歎異抄「わがこころのよくてころさぬにはあらず」を置いて、全体を要約して、次のようにはじまる。

私は昭和二十年一月二十五日ミンドロ島南方山中における米軍の俘虜となった。

ミンドロ島はルソン島西南に位置し、わが四国の半分ほどの島である。軍事施設として見るべきものもなく、これを守るわが兵力は歩兵二箇中隊、海岸の六つの要地に、名ばかりの警備駐屯をおこなうのみである。

私の属する中隊は昭和十九年八月以来、島の南部および西部の警備を担当した。中隊本部は私の属する一箇小隊とともに島の西端サンホセにあり、他の二つの小隊は、それぞれに東南ブララカオ西北バルアンにあった。サンホセ、バルアン間、つまり、島の西海岸の全長をおおう約五十里が開けはなたれ、ゲリラが自由に米潜水艦の補給を受けていた。しかし彼らは攻撃してこなかった。

昭和十九年十二月十五日、米軍は艦船約五十隻をもってサンホセに上陸した。われわれはただちに山に入り、南部丘陵地帯を横切って、三日の後ブララカオ背後の高地で、同地駐屯の小隊と連絡した。米軍はここには上がっていなかったが、小隊はサンホセの砲声を聞き、糧食無線機とともにあらかじめ退避をしていたのである。糧食はまだ豊富であり、まもなくわれわれと合流した附近の水上機基地の海軍部隊、遭難船舶工兵、非戦闘員を合わせ総員約二百名、三ヵ月以上を支えうるはずであった。明けて一月二十四日米軍の襲撃をうけて四散するまで約四十日、われわれはここに露営した。

昭和十九年の十二月といえば、既に誰の目にも日本の敗北は決定的になりつつある時期でもあった。ミッドウェー以来、アッツ島の玉砕、インパール作戦の失敗、マリアナ沖海戦での壊滅等、日本の落日は近づきつつあった。レイテでの戦闘も台湾沖航空戦で消耗し尽くした日本は、物量に勝るアメリカに歯が立たず、制空権・制海権を奪われ、ゲリラとして戦うより既に方法はなくなっていたといえる。

そんな状況下で、田村一等兵(大岡)は、乾季と雨季の熱帯ジャングルで、友軍の死体を目にしつつ、飢えと渇きで朦朧とする中で生死の淵を彷徨するより他はなかったといえよう。芋がなくなった後は草や山蛭を食べ、果ては、人肉をも……という状況では、まともな思考は行われようもなく、しかもマラリアと怪我で傷ついた体では歩くのも限界に近づきつつあり、意識が混濁する頭の中では、死の観念がいつも身近にあった。「出征する日まで私は「祖国と運命をともにするまで」という観念に安住し、時局便乗の虚言者もむなしく談ずる敗北主義者も一かけらに笑っていたが、いざ輸送船に乗ってしまうと、たんなる「死」がどっかりと私の前に腰をおろして動か」ず、「生活のあらゆる瞬間に私をおそった」が、こんな愚劣な作戦の犠牲になって死ぬことは「つまらない」とも思うようになる。にもかかわらず、一方「私は祖国をこんな絶望的な戦いに引きずりこんだ軍部をにくんでいたが、私がこれまで彼らを阻止すべく何事も賭さなかった以上、彼らによって与えられた運命に抗議する権利はないかと思われた」と自問自答する。

さらに一米兵との遭遇は、「殺されるよりは殺す」（国家の論理）から「避けうるならば殺さない」（大岡個人としての倫理）となり、冒頭の歎異抄の一節につながる。

しかし、戦争というものの狂気は、収容所で大岡と親しかった戦友の雑嚢を見つけた時に「殺せ、すぐ射ってくれ、僚友がみんな死んだのに、私一人生きているわけにはいかない」と米兵に対して言わさしめるのである。まさに戦争の呪い。ばからしい戦いで命を落とした友の死は、大岡の心に強くのしかかった。そして、担架でブラカオまで運ばれていく中で、はじめて命が不定の未来までのばされたことを感じる余裕を持ち、「いつも死をひかえて生きてきたそれまでの毎日が、いかに奇怪なものであったか」に思いいたる。

戦争で、「死」がいつも寄り添っていた状況下でないと、この考えを理解、共感することはできまい。

さて、『野火』のなかでも、「死」については繰り返し出てくる。それが、兵士たちの野卑の会話のなかにも見て取れるが、それは当時の日本人の考えに少なからずあったものであるように思われる。

例えば、次のような会話の一節がある。


しかし退屈した彼らの会話は、やはり絶望に関するものであった。

「あーあ、俺達はどうなるのかなあ」と一人の兵士がいうと、

「どうなるものか。死ぬだけよ。……どうせこの島へ上がちゃ助からねえんだから。今更くやむこたあねえさ」とまた別の兵士がいう。すると、

「そんなことはない友軍の落下傘部隊が降りるっていう話がある」といえば、

「それよりは、米さんの落下傘部隊を待った方が早い」と。

さまざまな考えが話し合われるなか、新しい兵士が……、

「いっそ米さんが来てくれた方がいいかも知れねえな。……一緒げに俘虜にしてくれるといいな」

「殺されるだろう」と別の兵士がいうと、

「殺すもんか。あっちじゃ俘虜になるなら名誉だっていうぜ。よくもそこまで奮闘したってね。コーン・ビーフが腹一杯食えら」というと、

「よせ。貴様それでも日本人か」と、こんな会話が交わされたりもした。

正確な情報があるわけでもないので何処に向かっていいのやら、多分、敗走を重ねて彷徨《さまよ》ったあげくに病と飢えに倒れて死ぐか、米軍の砲火の前に倒れて死ぐかのどちらかで、それ以外の何物でもないことだけは、はっきりしていた。

田村一等兵は山中で一人彷徨い、

「ままよ、行けるところまで行って、動けなくなったら、殺されてもいいではないか。死ぬまでだ」と自らを納得させると、「死の観念は家に帰ったような気楽さ」となり、「心が軽く、力が湧くようになった」という。時に、猿の肉といわれるものや草を食べて生をつなぎ、さらには僚友を殺すこともした。

そして、ゲリラに捕えられ俘虜病院から一般収容所に収容される。

そこでは、戦争犯罪者になる惧れから部隊を離れてからの経験（人肉喰い、僚友や比島女の殺害）について話さなかったという。

「私は求めて生を得たのではなかったが、いったん平穏な病院生活に入ってしまえば、強いてその中断を求める根拠はなかった。人は要するに死んでしまう理由がないから、生き

ているにすぎないだろう」

これを、大岡は（狂人日記として）精神病院で記述した。

「戦争を知らない人間は、半分は子供である」という有名な言を残した。これは、戦争を体験した人間でなければ分からないことがあるという意味であろう。では、大人になるには、何が必要なのか。それは、再び戦争の渦中に巻き込まれ、比島の山中で遭ったような目に遭い、はじめて思い知るのではなく、戦争を操る少数の紳士諸君に騙されないことであると。何やら、戦後七十年目の安倍首相の憲法無視の安保法制の手口に騙されてはいけないという暗示として受け止めることもできよう。

『レイテ戦記』のなかでも、

「レイテ島の戦闘の歴史は、健忘症の日米国民に、他人の土地で儲けようとする時、どういう目に遭うかを示している。それだけではなく、どんな害をその土地に及ぼすものであるかも示している。その害が結局自分の身に撥ね返って来ることを示している。死者の証言は多面的である。レイテ島の土はその声を聞こうとする者には聞こえる声で、語り続けているのである」と、あたかも現在の政治状況を暗示しているような気さえする。

戦争を操る少数の紳士諸君に騙されないためにも、戦争のことを知る必要があるのだ。

大岡の小説は、どれも単なる戦争の記録、戦記ではなく、そこに描かれた人間の生き様・死に様の戦争の文学となった。戦争文学を読解することこそ、まさに戦争と人間を知ることになる。

《P・S》

平成二十七年、戦後七十年に塚本晋也監督の映画『野火』が公開された。大岡昇平のこの作品は、かつて市川崑監督、船越英二主演によって映画化されたものだが、当時はモノクロ作品であったので、今回のリメイク版は現地ロケもあって迫力も充分で天然色の強み……それは、本文にも出てくる比島の緑の豊かさ・自然の色の深さ……も生かせた出来映えで見事であった。

物語は大岡作品のストーリーに添って展開して……敗残兵が逃げまどい、虫けらのように虚しく死に絶えていく……戦場の現場をリアルに描出していた。が、どういうわけか、小説のなかのような熱帯の特有の暑さやジャングルでの息苦しさ、死と隣り合わせの傷ついた肉体や数多の死体から発する異臭（などよく描かれていたにも関わらず）は、エアコンの効いた劇場で観たためか、伝わることがなかったのは致し方ないにしても、田村が朦朧とする中で死をどのように意識していたかが、科白のやりとりや様々な場面からイマイチ伝わってこなかったのは、どうしたわけか。キャストやシナリオも含めて一考の余地があるといえよう。

ただし、米軍に一方的に殺られる場面（は、後で挿入したらしいのだが）の迫力は充分あって、日本兵の飛び散っていく肉塊や手足の片々、真っ赤に染まった大地は前作を凌いでいたように思う。実際に既にアメリカとの物量の差は（米軍の機関銃と日本軍の三八式の歩兵銃くらいに）あったのだろうと思う。

この作品は八十七分という上映時間でうまく纏まってはいるものの、本来的には映画には馴染まない作品のように思われた。（つまり、小説でこそ、そのリアリティーが生きて、イマジネーションが無限大に広がっていく作品なのだ）そもそも、映画というのは、本来的に大スペクタクルのようなものに合っているものと考えている筆者にとっては、致し方ない結論なのかもしれないが……。尤も近頃の○○映画祭などで「賞」をとる作品は殆どが極めて私小説的な人間をテーマに描いたものが多くて癪に障るのだが……。

どうせ、映画化にするなら、「レイテ」のような作品の方が遙かによかったのではないか。ただし、莫大な費用がかかりそうで、大手の映画会社のバックアップがなければ、実現は不可能に思われるのではあるが。

戦記文学の最高峰・『戦艦大和ノ最期』を再読する

……吉田満『戦艦大和ノ最期』（講談社文芸文庫）……

戦後七十年となる平成二十七年は、「安倍首相の七十年談話」をはじめ、戦艦武蔵や伊号潜水艦の船影が海底で発見されたこともあって、いつになく話題が豊富であった。また映画やテレビなどでも、八月に入ってから先の戦争に纏わる作品や戦後について考える番組も多く企画、放映もされた。

そんななかで、高校生の時に読んだ吉田満の『戦艦大和ノ最期』を再読した。尤も、当時読んだのは、口語版というもので、内容は同じでありながらも、かなり趣の異なるものであったような気がする。

作者によれば、「全篇が文語体を以て書かれていることについて、私に特に嗜好があるわけではない。初めから意図したものでもない。第一行を書き下ろした時、おのずからすでにそれは文語体であった」と述べ、また「死生の体験の重みと余情とが、日常語」では語り得ず「戦争をその唯中に入って描こうとする場合、戦いというものの持つリズムがこの文体の格調を要求」したのだとも述べている。文語体は男文字ともいわれるが、口語体では、表現できない調子というものがあったに違いない。読んでみれば、出撃前の張り詰めた雰囲気から、敵地に入り開戦、猛襲、断末魔、そして自爆へと至る一連はまさに一語たりとも抜き差しならぬ緊張の連続で最後まで文語体のリズムが読者を捉えて離さない。これぞ、男の文語体の世界なのだ。口語体ではしらけるというほどではないにしろ、伝わって来ないものがある。

作者である吉田満は、所謂「学徒出陣」で海軍に予備学生として入団、翌十九年に少尉に任官し、「大和」の乗員となり、哨戒当直として勤務する。この立場であったがために、戦いの全体像を把握もでき、まさに九死に一生を得て生還したことで、ここに戦記文学の傑作が誕生することになったといえよう。

ここでは、吉田満の文語体の文章を辿りつつ、「臼淵大尉」の言などにも触れながら、戦争と人間について考えてみることにする。まずは、その悠揚たる「大和」の出撃前の書き出しから。

碇　泊

昭和十九年末ヨリワレ少尉副電測士トシテ「大和」ニ勤務ス

二十年三月、「大和」ハ呉軍港二十六番浮標（ブイ）ニ係留中港湾ノ最モ外延ニ位置スル大浮標ナリ

来ルベキ出撃ニ備エ、艦内各部ノ修理ト「ロケット」砲、電探等増備ノタメ、急遽「ドック」ニ入渠ノ予定ナリ

二十九日早朝、突如艦内スピーカー「〇八一五（午前八時十五分）ヨリ出港準備作業ヲ行ウ　出港ハ一五〇〇（午後三時）」

カカル不時ノ出港、前例ナシ

サレバ出撃カ

通信士ヨリ無電オヨビ信号ノ動キ激シ、トノ情報トドク

ワレヲ待ツモノ出撃ニホカナラズ　入渠準備ト称シテノ碇泊モ、真実ハ出動ノ偽装ナラン十日前、敵艦載機七十機ノワガ艦隊ヲ飛襲セルハ、出撃ヲ予知シテノ先制攻撃ナルベシ

我ラ国家ノ干城トシテ大イナル栄誉ヲ与エラレタリ　イツノ日カ、ソノ証シテ立テザルベカラズ

我ラ前線ノ将士トシテ過分ノ衣食ヲ賜ワリタリ　イツノ日カ、知遇ニ報イザルベカラズ

出撃コソソノ好機ナリ

マタ日夜ノ別ナキ猛訓練モココニ終止シ、過労ト不眠ノ累積ヨリ我ラヲ解放セン

連合艦隊司令部では、天一号作戦を発動、第二艦隊に沖縄海上特攻出撃を命じる。が、伊藤整一中将はこの出撃命令に反対する。第一は空軍援護機の支援皆無（であれば全滅を意味する）第二は海上兵力の劣勢、第三は発進時期の遅延であった。しかし、沖縄突入は表面上の目標で、真の目標は「大和」を囮として米精鋭機動部隊の集中攻撃の標的にするとあれば出撃の目的も作戦も論ずるには値せずと、軍人としてあとは命を奉ずるだけと覚悟する。（これらについては、同じく吉田の『提督伊藤整一の生涯』に詳しい）

さて、吉田が乗艦当時に臼淵大尉から鉄拳を見舞われたエピソードは興味深い。それは、部下の欠礼に対する指導での一件で、戦場では物分かりのよい士官であってはならないとのこと、軍人の真価は戦場でしか分からないとするもので娑婆とは違うというものであった。

また、ガンルームでの若い士官たちの死生談義に終止符を打ったのも臼淵大尉の次の言葉であった。

「進歩ノナイ者ハ決シテ勝タナイ　負ケテ目ザメルコトガ最上の道ダ
日本ハ進歩トイウコトヲ軽ンジ過ギタ　私的ナ潔癖ヤ徳義ニコダワッテ、本当ノ進歩ヲ忘レテイタ　敗レテ目覚メル、ソレ以外ニドウシテ日本ガ救ワレルカ　今目覚メズシテイツ救ワレルカ　俺タチハソノ先導ニナルノダ　日本ノ新生ニサキガケテ散ル　マサニ本望ジャナイカ」

十二時二十分、電探が編隊らしきものを探知。全見張員が極度に緊張し、来たるべき敵機をを待つも、突如、大編隊が雲間から現われる。「敵機は百機以上」と航海長が叫ぶ。十二時四十五分、魚雷左舷前部に一本命中、弾二発、後部に炸裂し、一波は終わる。

強襲第二波では、左舷に魚雷三本が命中、さしもの「大和」の頑強な対空砲火も、なすところなく機銃砲塔は直撃弾を受け、電源の切れた電動兵器は無用と化した。この最近頻発する対空惨事の例を指摘するも、砲術学校の見解は「訓練不足による」のみで、何らの積極策もない結論に臼淵大尉は「不足ナルハ訓練ニ非ズシテ、科学的研究ノ熱意ト能力ナリ」と前書きしてイギリスの最新対空兵器に言及する。「世界の三馬鹿、無用の長物の見本……万里の長城、ピラミッド、大和」なる雑言や「少佐以上銃殺、海軍ヲ救ウノ道コレホカニナシ」という暴言が艦内に憚るところなく喚き合う。

続いて、第三波、第四波、第五波と猛襲が続き、戦勢は急落し、護衛艦も苦闘。巡洋艦「矢矧」は停止し、第二水雷戦隊司令官は沈没寸前のところで軽傷の「磯風」に移乗する。が、この絶望的戦局、しかも特攻必死作戦においての行為として司令官の延命工作とは如何と。どうしても奇異な感がして、帰還後には批判の矢面に立つことは当然と思うと。

さらなる攻撃は、若干の小休止の後に第六波、第七波、第八波と続き、満身創痍の艦に止めを刺さんと来襲。天候を利しての緩急降下雷爆撃に魚雷の片舷集中、周密果断の作戦

なりに、航海長、

「一ツ一ツ向コウノ打ツ手ハ見当ガツク……ソレデイテ、ドウニモコチラカラハ手ガ出ナイ　コンナ馬鹿ナ話ガアルカ」と。すると、参謀長は、

「見事ナモノジャナイカ　ヤハリ実戦コソハ最上ノ訓練ナノダ　戦争ノ前半デハ、ドンドン攻メナガラ俺タチハ腕ヲ上ゲテイッタ　トコロガ後半ニナルト、逆に敵サンガ逃ゲテバカリイル俺タチヲ追イ抜イテシマッタ　航空機ニヨル大戦艦攻撃法トイウ、俺タチガ緒戦デ世界ニ叩キツケタ問題ニ、ココデ鮮カナ模範答案ヲツキツケラレタヨウナモンダナ」と。

断末魔、傾斜は三十五度にも達し、半身不随に陥る。副砲、高角砲は全く沈黙、一部の機銃のみが抵抗を続けるのみとなる。副長より「傾斜復旧の見込みなし」の声が聞こえる。

御真影の処置、航海長と掌航海長は体を羅針儀に縛りつけているが、これは沈没後の万が一浮上する恥辱を防ぐためであった。それにならおうとするわれわれに、森参謀長は片っ端から殴りつけ「何ヲスルカ、若い者ハ泳ゲ」と、海に飛込むように強制される。数分前に「作戦中止、人員救出ノ上帰投」の決定なされるも知らず。伊藤中将のこの乾坤一擲の特攻作戦において、独断にて中止するは並々ならぬ決意と。傾斜角度は八〇度から九〇度、垂直に近くなる。

そしてついに「大和」は自爆、人間は水にのまれ、弾き飛ばされ、水中に放り出され、渦の中に吸い込まれていく。「大和」轟沈、午後二時二十三分。間断なき対空戦闘二時間他。

火薬庫の爆発によって流れ出た重油が目を刺す。死体は浮き、燃え切った艦体の破片が漂う中、傷と重油と寒さとの新たな戦いがはじまる。発狂して死んでいく者、機銃にやられたり、救助の駆逐艦に辿り着くまでに落伍したりする者、多数。折角のロープ、縄梯子にも重油で手を滑らしてズルッとそのまま海中へ。九仞の功を一簣にかく。「急げ」との叫ぶ声でやっと縄梯子につかまり、引き上げられる。

兵隊は軍服をぬがせ、喉に指を突っこんで、重油をはき出させてくれた。頭部の裂傷は、今までに気づかず、駆逐艦「冬月」の治療室はすでに死体の山。

翌八日の朝、目が覚めてみると、一夜の眠りにすっかり体力は回復している。甲板に出ると、春の日差しが目に沁みこんでくる。「大和」の甲斐なき出撃は終わったのだ。内地の山の美しさに息をのみ、「生キルノモ、ヤッパリイイナ」と。

されど、生還は我が発意に非ずとも、後ろめたさは消えず。同夜より佐世保軍港外の病院分室に入る。離れ島にて機密漏洩を防ぐ措置也。

吉田は、初版のあとがきの中で「これが発表された時に戦争肯定の文学とか軍国精神鼓舞の小説と批判されたこと」に対して、次のように述べている。

「……この作品に私は、戦いの中の自分の姿をそのままに描こうとした」なぜなら、「この程度の決起に燃えていたからといって、別に不思議はない。我々にとって、戦陣の生活、出撃の体験は、この世の限りのものだったのである。若者が、最後の人生に、何とか生甲斐を見出そうと苦しみ、そこに何ものかを肯定しようとあがくことこそ、むしろ自然ではなかろうか」と。そして、

「戦歿学生の手記などをよむと、はげしい戦争憎悪が専らとり上げられているが、このような編集方針は、一つの先入主にとらわれている」と主張し、「戦争を一途に嫌悪し、心の中にこれを否定しつつくそうとする者と戦争に反撥しつつも、生涯の最後の体験である戦闘の中に、些かなりとも意義を見出して死のうと心を砕く者と、この両者に、その苦しみの純度において、悲惨さにおいて、根本的な違いがあるであろうか」と。そして、

「このような昂ぶりをも戦争肯定と避難する人は、それでは我々はどのように振舞うべきであったのかを、教えていただきたい」として、「我々は一人残らず、招集を忌避して、死刑に処せられるべきだったのか。或いは、極めて怠惰な、無為な兵士となり、自分の責任を放擲すべきであったのか」と。むべなるかなと思う。

ことほど左様に、戦争を否定することは、実際は簡単なことではない。吉田も、単なる戦争憎悪、戦争反対は、無意味でしかないと述べているが、庶民は知らず知らずのうちに、いや、危険が近づきつつあるのかもしれないとは知りつつも、世事にうつつを抜かしているうちに……、気づいたら後戻りの出来ない大政翼賛会になっていたということは、あり得ないことではない。

現に、今の憲法無視の集団的自衛権をはじめとする安保法制は、極めて危険であることに気づかねば、手遅れになりかねない。確かに、北朝鮮は危険であるし、中国の軍拡路線の脅威があることは確かに認める。が、だからといって、アメリカに追従していけば、いずれは危険な道に入って、そのしっぺ返しを他国から受けないとも限らない。

今の自衛隊が安倍首相の欲するところの「国防軍」のようになれば、日本人を守るのではなく、日本国を守るために（かつての日本軍のような）軍部の暴走が起き、シビリアンコントロールが効かない状況に陥らないとも限らない。現に、憲法という国家の根本法がないがしろにされている以上、軍の暴走が起これは、それを抑えることなど不可能になってしまう畏れは充分にあるのだ。かつて来た道に戻ろうとする勢力は、必ず「平和」や「安全」を口にして、戦争を始めるのだ。

映画『日本のいちばん長い日』・新旧の二作品

久々の映画鑑賞になった。というのも、最近は、こちらが歳をとったためか、観たい映画というものが極端に少なくなってしまったことだ。かつて二十代の頃は名画座も含めて週に一度でも観ないようなことはなかったのにである。既に映画に斜陽化の声が聞こえはじめた頃ではあったが、洋画も邦画も続々と大作、傑作が続出していた。確かに一九六〇〜七〇年代の映画雑誌の氾濫と豪華さを見ればわかろうというものである。観終わった後の感動も巨大スクリーンのなせる技、数日間はその映画の主人公を演じさえしていたような気がする。五十年代までの黄金期に比ぶべくはないが、まだ、全国各地の至る所に映画館（小屋）が出来て繁盛していた。

そんな時代から半世紀を経た二十一世紀の映画はシネコンなどで命脈を何とか保ってはいるが、テレビへ、そしてインターネットへと個別化、多様化、矮小化へと進んで、もう集団で観るものではなくなってしまったような気もしないではない。となれば、もうこれは映画とはいわないのかもしれないが……。もはや、多くの人（老若男女といわずとも）が一緒の座席に座って観るというようなスタイルの映画を作るのは、困難な状況になったのかもしれない。

そんな状況のなか、久々に名作に出会うことができた。それは、原田眞人監督がメガホンをとった松竹製作・配給の『日本のいちばん長い日』である。これは、終戦に至る困難を丹念に記した半藤一利の二冊「日本のいちばん長い日・決定版」(文春)と「聖断」(PHP)をもとに、昭和天皇、鈴木貫太郎首相、阿南惟幾陸軍大将の三人に焦点を絞り、描出したのが功を奏した。尤も、これは、東宝が創立三十五周年を記念して製作した一九六七年の大作『日本のいちばん長い日』のリメイク版で、この東宝演劇陣が総出演して全精力を傾けて作った岡本喜八監督の作品を超えることが狙いでもあったようだ。原田監督は、東宝版に不満があって、この作品を作ったとも漏らしていたらしいが、さて、その出来映えは見事といえよう。

東宝作品は、ストーリーが八月十五日の宮城事件にのみに絞って、その前後は教科書的解説で端折っている展開であっただけに、鈴木内閣発足前後からを取り上げ、敗戦が濃厚になっていく経緯とそれをどのように終戦に導いていくかの困難性を描いた点では、原田作品は、終戦に至る道程をより明瞭に描いたともいえよう。加えて、鈴木貫太郎首相や阿南陸相の苦悩と覚悟を人間的な側面から、またその家族とも絡めて物語にしたことは、(岡本作品が極めてヒストリカルに史実を追っているのに対しても)魅力ある展開になっているといえる。

原作の半藤一利も「戦争をはじめることはある意味で簡単であるが、終えることは本当に難しい。国際情勢が絡むからである」と述べているが、加えて国内事情の問題が如何に大きいか。原作と映画のストーリーを中心に筆者の見解も交える形で話を進めていきたい。

まず、ポツダム宣言の受諾を巡って「天皇条項」で連日連夜の閣議、議論の紛糾が続く。鈴木首相の（「静観」「無視」から）「黙殺声明」は対ソ和平工作への一縷の望みや戦争継続派への懐柔も孕んで、内閣の混乱はさらに深まっていく。その間に、八月六日に広島、九日に長崎に原爆が投下され二十万近い犠牲者が出ることになる。加えて百五十万人の極東ソ連軍が満州・樺太方面に侵攻中であることもついに知る。が、最高指導者会議では、依然として「国体の護持」こそが重要でしかなかった。ここに国民（臣民）は特攻の単なるコマでしかなく、本土決戦が現実味を帯びてくる。阿南は（陸軍を代表していたから、天皇の地位の保全に加え）、本土へ上陸する占領軍は少範囲、少兵力、短期間であること、武装解除は日本人の手によること、戦争犯罪人の処置は日本人に任せることの三条件をさらに加えたことで閣議は対立、納まらない。御前会議でも一条件論と四条件論が衝突するが、ここで鈴木首相は天皇の聖断を要請、一条件論で一回目の聖断は下された。

「……これ以上国民を途端の苦しみに陥れ、文化を破壊し、世界人類の不幸を招くのは、私の欲していないところである。……いまとなっては、ひとりでも多くの国民に生き残ってもらって、その人たちに将来ふたたび起ちあがってもらうほか道はない」と。

しかし、アメリカ側の回答が天皇を連合国最高司令官の制限の下に置かれる（subject to~）ということは「隷属」ではないかと、阿南陸相をはじめ陸軍主戦派は、反対を表明する。既に、本土決戦を主張する陸軍の主戦派でも、敗戦濃厚は認めざるをえない状況にあることは承知しながらも、せめてどこかで一矢を報いて、少しでも有利な条件での講話を引き出したいと考えていたらしいが、現実性のない考えであることだけは確かであった。ここで再び、御前会議が開かれ、天皇自らより「国体の護持」に「毛頭不安なし」との発言があり、主戦派も徹底抗戦の限界を悟ることとなった。

このことについては、梅津美治郎参謀総長の当日の鉛筆書きの次のような記述が残っている。

「国体ニ就テハ敵モ認メテ居ルト思フ　毛頭不安ナシ　敵ノ保障占領ニ関シテハ一抹ノ不安ガナイデハナイガ　戦争ヲ継続スレバ国体も国家ノ将来モナクナル　即チモトモ子モナクナル　今停戦セバ将来発展ノ根基ハ残ル　武装解除ハ堪ヘ得ナイガ国家ト国民ノ幸福ノ為ニハ明治大帝ガ三国干渉ニ対スルト同様ノ気持チデヤラネバナラヌ　ドウカ賛成シテ呉レ　陸海軍ノ統制モ困難デアラウ　自分自ラ『ラジオ』放送シテモヨロシイ」（防衛研究所戦史研究センター蔵より）

ここで、日本の降伏は決定したといえよう。

この天皇の発言こそは、戦争継続を断念させるに充分な強い意志・覚悟を表明したもので、実に重みのある御聖断であった。今回の作品では、それを本木雅弘が全面に出て演じきった。前作では松本幸四郎が演じたが、後ろ姿や遠景のみであったことで、御意志が見えない形であった点を考慮すると、昭和天皇の聖断が、終戦の形に歩を進ませることになったことを明確にした点は大きい。

阿南陸相の行動の描き方……天皇の聖断と若手将校の板挟みに苦悩しながらも、御聖断の重みを受け止め黙々と実現するための行動……については両作品とも、そう大きな違いはない。が、戦争継続に対して、原田作品の役所広司は、聖断を受け入れ、陸軍の主戦派への懐柔策をうまくこなしたように演じていたが、実際のところは、岡本作品の三船敏郎の場合のように、自決、腹を切ることで、主戦派を諦めさせるより他に方法はないという判断によったのではないか、と思われるが、どうであろうか。

また、鈴木貫太郎首相については、今回は山崎努を抜擢し、その存在と役割や主張に個性を引き出した。天皇との関係（侍従長を務めたことやそのために二・二六事件では暗殺の対象となり、四発の銃弾に倒れるも一命を取り留め、枢密院議長から天皇の希望で第四十二代の内閣総理大臣になる）により、それを引き受けてからの終戦処理が済むまでは何が何でも引き下がらないという決意・覚悟が見て取れた。前作では、鈴木貫太郎は笠智衆が演じ、どちらかというと海軍穏健派の立場で、苦悩しつつも戦争終結へ向け黙々と実行に移していく様子をうまく表現していたように思われる。本物の姿にはより近いように思われたが……。

陸軍主戦派の畑中少佐をはじめ、海軍にも、さらには当時外地にいた三百万の日本兵にとっても、無条件降伏などということは有り得ないことだったといっていい。

映画の中では、まさにこの畑中健二陸軍少佐らを中心とする天皇の玉音盤を奪取するクーデターこそが、メインとなっている。ただ、これに至る背景こそが重要なのである。玉音盤への録音に先立つ詔書案の作成がひとつの山で、これには、迫水久恒内閣書記官長と漢学者川田瑞穂があたり、これに手を加えたのが陽明学者で大東亜省顧問の安岡正篤であった。しかも、これは閣議に提出（午後四時）されてからも、再び紛糾、訂正は四十カ所に及び、天皇が録音室に入ったのは午後十一時二十五分にもなったという事実である。そして、録音が終了したとき、日付は十五日に変っていた。

ところで、終戦阻止の青年将校らの動きは、ある意味で陸軍抗戦派の最後のあがきと、とれないこともない。まずは、椎崎二郎中佐と井出正孝中佐を連れ、近衛師団司令部に乗り込み、森赳師団長と直談判をして終戦の詔勅「玉音放送」阻止の協力を仰ぎ、戦争を終わらせまいとした。が、ここで「明治神宮を参拝した上で再度決断する」とはぐらかされたため、思いあまった畑中少佐は森師団長を射殺してしまう。上原大尉が白石通敬中佐（第二総軍参謀）を斬殺、そして偽の命令書を偽造、宮城一帯の占拠にとりかかる。しかし、玉音盤はいくら探しても見つからない。

閑話休題。

これがもし、畑中らに見つかっていれば、玉音放送は正午に流れなかった可能性は否定できない。玉音盤は破壊され、戦争終結の国民への放送の時間の変更はあったかもしれない。とはいえ、大勢は決まっていたわけだから、玉音盤の有無に拘わらず反乱軍は鎮圧される運命にあったことは確かだろう。いずれにしても、天皇自らの肉声によるかどうかはともかく、放送は十五日中に流れたことは、まず間違いなかろう。

結局、玉音盤は、その後どこを探しても見つからず、そうこうしているうちに、クーデターへの参加を拒否した東部軍管区司令官・田中静壱大将は芳賀豊次郎近衛第二連隊長との電話連絡に成功、「命令は偽造。クーデターである」と告げ、自ら近衛第一師団司令部に向かい、混乱の中で部隊を展開しようとしていた将校らに「クーデターである」と止めに入った。

畑中らは宮内庁を諦め、放送会館を占拠、玉音放送を流させまいとする。そして、国民へのクーデターの決起の声明を訴えようとするも「放送には東部軍の許可が必要」という理由で、館野守男アナウンサーから拒否されてしまう。ここに、クーデターの計画は完全に失敗に終わる。

では、玉音盤は、どこにあったのか。実は万が一のクーデターに備え、徳川義寛侍従長が玉音盤の入った金庫のある部屋（皇后宮職事務室）に「女官寝室」という偽の札をかけていたために、見逃してしまったらしいのだ。加えて、放送を依頼された館野守男アナウンサーが口にした放送拒否の理由も、とっさに思いついた嘘だったともいわれている。そんな機転を効かせた行動が、玉音盤を護ったともいえる。

しかし、これでも、畑中少佐は諦めきれず、午前十一時前に、宮城付近でビラをまき、決起を呼びかけるも、何の賛同も得られずに、結局、ピストルで自決。こうして「日本のいちばん長い日」は終わる。終戦に至れば、日本のあっけない幕切れのような気がしないでもない。

映画評論家の佐藤忠男によれば、終戦時に、このようなことが日本の中枢部で起こっていたとは一般の国民は全く知らず、「ただただ戦争が終わって良かった。もう、戦争をしなくてもいい」というホッとした気分であったという。

しかし、映画のエンドマークとは裏腹に、十六日以降、ソ連は千島や北海道へ侵攻、千島は不法占拠されてしまった。また捕虜になった日本兵はシベリアへ抑留され強制労働に従事させられる。満蒙開拓団など中国に渡っていた開拓民の悲劇は、数え切れない。一九七二年に発見された横井庄一元陸軍軍曹や七四年に投降した小野田寛郎陸軍少尉などはまだ記憶に新しい。

戦後七十年、この戦争の悲劇を後世に伝えていくのに、これほど適切な名画はないといえる。愚劣きわまりない戦争作品も多いなか、貴重な一本だといえよう。

今や戦争の体験のない世代が殆どになった以上、戦争について深く知り、二度とこのような悲劇を繰り返さないようにしなければならない。「戦争反対」を声高に唱えるだけでなく、しっかりと学び、自分の頭で考えていくことが求められていよう。

《P・S》

天皇にマイクの前に立つことをお願いし「玉音放送」を提案し実現したのは誰であるのか、それは、阿南陸相であったという。作家の豊田穣によれば、阿南は若手参謀らに押されて、やむなく徹底抗戦を主張したものの、この抗戦主義者らを抑えるには、陛下自らのお言葉による他はないと考え、心に決めていたのではないかと。むべなるかな、と思う。

阿南にとって、陸軍の徹底抗戦派を押さえ込むには、天皇の御聖断を仰ぐより他に方法はないと考えたのも無理からぬところであろう。

また、終戦七十年に合わせたＮＨＫの番組「玉音放送を作った男たち」の中では、この玉音放送を事前に計画し天皇に直訴の上、実現した男として内閣情報局総裁の下村宏と部下の次長久富達夫、秘書官の川本信正らが、下支えしたことを述べていた。下村は、終戦の七日前の八日に、天皇のもとへ行き、今こそ玉音をマイクを通して国民全般に告げるよう お願いをしたが、それは終戦間際に急遽実現したものではなく、彼らの部下と共に長い戦い(昭和十八年に日本放送協会の会長に就任したときからの考えで、天皇自らの声でもって国民を励ましてもらうという願い)を経て、やっと実現したものであったと述べていた。勿論、これは玉音放送についての公式な記録には残っていないのだそうだが、歴史的放送の知られざる真実であると。様々なる真実が、歴史の側面にはあったのであろうが、ともかくも、玉音放送が無事に流されたことだけは事実なのである。

宮城事件についてのイフ……。

三野正洋著『「太平洋戦争」こう戦えば……』によれば、陸軍の一部がクーデターに成功、つまり皇居を占拠し、首相・閣僚を逮捕・拘束、玉音盤の確保もしていたら、どうなったか？　というifを提示している。

それについては、まず、ポツダム宣言の受諾による事態の収拾は不可能になり、終戦は一挙に遠ざかったのではないかという。八月十五日ということはあり得ず、クーデター派は戒厳令を発布し、戦域にある日本軍は抵抗を続け、十日余りが混乱のうちに過ぎる。しかし、この皇居一体も爆撃で大きな被害を受け、海軍の軍令部が動くと、陸軍内部でもクーデターが起こり、狂信的な本土決戦派と国体護持の確約があれば降伏する派に別れ、銃撃戦が続き、二日ほどして決着する。徹底抗戦派は射殺あるいは自殺という形になり、監禁されていた鈴木首相らは解放され、三日ほどして玉音放送が流されることになる。

本土決戦間際での攻防で何とかおさまる形にはなったが、その間の犠牲者は、さらなる原爆投下もあり得たであろうことを考えると恐ろしい数字になる。ましてや、本土決戦が行われるようなことにでもなれば、日本は壊滅状態に近く、列島も分割統治され、今の朝鮮半島と同じようになっていても、おかしくはないということにもなろう。とすれば、いかに御聖断を早く（せめて八月六日前）にできなかったかが悔やまれてならないのだが……。

戦争の証言を記録する価値

…楠山忠之監督「ひとりひとりの戦場・最後の零戦パイロット」…

この映画は、まさに零戦のパイロットらをはじめ、第二次世界大戦（大東亜戦争）の貴重な語り部の最後になるであろう証言の記録映画である。二〇一五（平成二十七）年は、戦後七十年ということで、当時、兵士として戦った人達は九十歳前後になるし、日中戦争の頃から数えるなら九十八歳以上ということになる。

そんなこともあってか、各テレビ局でも貴重な記録を残しておこうとする最後のチャンスだとして、様々な取り組み（戦争体験者へのインタビューなど）が行なわれたようだ。映画では「日本のいちばん長い日」や「野火」のリメイク版が製作され、戦争を知らない世代にも考えるチャンスを提供した。こういった戦記文学を原作とした映画化も貴重だが、まさに戦場体験者に語り部として登場していただき、生々しい真実を語ってもらう、本作のようなノンフィクションも貴重な一本であるように思う。

戦後五十年の時には、まだ話せなかったことも、七十年ということであればと、口を開いて真実を語ってくれた人達も多い。（いや、それでも、口を閉ざして話したくないと拒絶された方もいるが、それも無理ないことではあるのだ）とまれ、既に故人となってしまった方が殆どであることを考えれば、戦争の生き証人の生の声を聞くことが、いかに貴重なものかが分かろうというものである。

この映画では、今年九十九歳になる元海軍航空隊のパイロット原田要さんの証言を柱に日中戦争から太平洋戦争敗戦に至る迄を、様々な角度からまた色々な証言をも交えて、時に当時の零戦のフィルムも入れて、時系列に沿った形でまとめている。

原田さんの証言は、一九三七年の七月の日中戦争の引き金になった盧溝橋事件から始まる。南京陥落後は重慶に移って抗日戦を繰り広げたので、上州を前進基地にして何度も爆撃を繰り返したという。カンバク（艦上爆撃機）を繰り返して、光華門と太平門をやっとのことで崩すと脇坂部隊が中に入って行き、掃討作戦を繰り広げた。が、便衣隊と呼んで民間人のような格好をした中国兵が多くいて、撃ってくる状況にあった。が、二十万、三十万も虐殺したっていう話は信用できないと。南京虐殺については、当時も日本軍が言っていたのと同じ答えが出る。

原田さんは、それから真珠湾攻撃の航空母艦「蒼龍」に乗り込むことになり、零戦でハワイへと行くことになる。そこで、同じパイロット仲間の西開地重徳一等飛行兵曹の話になる。二次攻撃の時、西開地さんの機体は不具合が生じたため、予め伝えられた通り、ハワイ諸島の中のニイハウ島に不時着した。が、不幸にも味方潜水艦が救出に来なかったことで、最初は手厚く看護されたものの、島民との間にトラブルが起き……それは、暗号書

（機密文書）と拳銃を取り戻すため、日系二世のヨシオ・ハラダ（原田義雄）さんという人が協力してくれるも取り返すことが出来ず……共に殺されてしまう。また、ウメノ（梅乃）夫人は米国当局に拘束されることになる。これが、牛島秀彦著『二人だけの戦争…真珠湾攻撃零戦と日系二世島民の悲劇』である。複雑な状況も絡み、それも伝聞によることから真実はどこにあるのかは明確でないが、これが「ニイハウ島事件」と言われるものである。

日本にとっては愛国美談だが、米国にとってはスパイであり国家反逆罪ともなり、ハラダ夫妻の子供達は八十歳にもなる今も口を閉ざしているとのこと。このことについて調べた藤本文昭さんも、原田さんも「戦陣訓」（生きて虜囚の辱めを受けず）が効力を発揮して、捕虜になった人は日本に帰れない……これこそ陸軍の捕虜というものに対する人命軽視が現われたものだと述べている。

それから、いよいよ一九四二年四月十八日の米軍機による東京空襲である。語り部達の多くの声が……まさか勝ってると思っていた日本が爆撃されるはずはない……ところが、機銃掃射や焼夷爆弾で、警戒発令や空襲警報なども出て、一体どうなっているのかと……。

ミッドウェイの時は、国民のもう誰もが知っている状況で（当然に米軍にも漏れているだろうと想像されるなか……）原田さんは行くことになる。空母四隻が沈没した事実は隠され、戻ってきても鹿児島の笠之原に隔離され、商船改造がなされた数ヶ月後、今度はガダルカナルへ。ここでも奇跡的に助かり、海軍基地に辿り着いた原田さんはトラック島の病院に入院。一九四三年一月から霞ヶ浦航空隊の教官に着任する。そこで、人間爆弾を育てた。が、原田さんは神風特攻隊を断った。命はもう日本に捧げたが、無駄死には納得できないと。

戦場体験者のひとり一人から聞き取り、その証言をつなぎ合わせてみると、丁度ジグソーパズルができ上がったように、見えなかった「戦争の正体」が分ってくる。敵地で戦っていた兵士の戦場ばかりでなく、銃後の市民が巻き込まれた戦場もあれば、原爆投下で一瞬にして地獄絵となった戦場もある。このドキュメンタリーのタイトル「ひとりひとりの戦場」の意味に込められた思いは深い。

楠山監督は言う。

「ドキュメンタリー映画は、戦争における人間の不気味さを引き出し、そこから戦争を孕む社会の在りようまで深めていかなくてはならない。そのことが「戦場の現場」と「遥か遠くテレビの断面だけで知る戦場」との隔たりを縮める」と。

原田さんは、今、地元の長野で幼稚園経営をする傍ら、歴戦の元零戦パイロットとして、使命と誇りを胸に、戦争の悲惨さ・平和の大切さを講演し、亡き戦友の慰霊を続けている。

《P・S》

・盧溝橋事件＝一九三七年七月七日夜、中国、北京南西郊の盧溝橋附近で、演習中の華北駐屯日本軍一木大隊の中隊に対して十数発の射撃がなされたことを契機に、日本軍と冀察政権第二九軍との衝突に発展した事件。日中戦争の発端となった。中国では「七七事件」として知られる。最初の十数発の射撃が日本側の謀略か抗日勢力によるものかは不明とされている。十一日未明には一応現地で停戦が成立した。しかし、当初不拡大方針を声明していたにもかかわらず、第一次近衛内閣は十一日内地三個師団の動員を決定、軍部内でも、拡大派と不拡大派が対立するなど、矛盾をはらみつつ戦線は次第に拡大し、同二十八日の北京、天津総攻撃の開始をもって全面的な戦争に突入した。中国側ではこれを契機に第二次国共合作がなり、抗日の機運が高まった。（ブリタニカ国際大百科事典より）

ヒトラーと隠し財産の行方は

……R・M・エドゼル『ミケランジェロ・プロジェクト』（角川文庫）……

第二次世界大戦下、ナチス・ドイツによって略奪・破壊されようとした五百万点にも及ぶ芸術作品を取り戻すミッションに挑んだ中高年の男達……といっても、美術や建築の専門家ではあっても、いわば戦争とは無縁の素人集団、これが「モニュメンツ・メン」と呼ばれる特殊部隊である。戦場ではありえない四十代以上の中高年のオヤジ連中が、戦地の最前線で若い兵士らに交じって芸術作品を奪還するために奮闘する「ミケランジェロ・プロジェクト」と呼ばれるものである。

しかもこれは実話を元にしたノンフィクションであるだけに、歳がいった中高年でもまた戦地といった厳しい状況のなかでも、まだまだ第一線でやれるという自信を与えてくれる。また新しい仕事でひと花を咲かせることも可能なのだと。現に（リストラや派遣切りにあって）失業中のフリーターや退職して求職中の者にも、生きる希望や勇気さえ与えてくれる中高年賛歌のストーリーともいえよう。

映画では、ハーバード大学付属美術館長で美術史家のフランク・ストークス（ジョージ・クルーニー）のモデルになったジョージ・スタウト（当時四十七歳）が動いてルーズベルト大統領を説得し、メトロポリタンの学芸員や建築家、美術商など7名の専門家を動員、戦争とは全く縁のない「戦わざる特殊部隊」が結成される。

一九四四年六月六日のDデイであるノルマンディー上陸を機にヨーロッパ各地へ飛び捜索に当たるも、殆どがナチスによって奪われた後。しかし、これからが、彼らの本当の戦いとなる。敗北近いドイツによって隠された美術品の数々は、どこにあるのか。早く探さねば、「ネロ命令」によって、灰燼に帰すことやソ連によって略奪されかねないことにもなりかねない。

苦労の末に密かに情報を集めていたフランス人女性を知り、その詳細なリストにより搬送先が分り、オーストリアの岩塩坑やノイシュバインシュタイイン城などを突き止めることができたのである。が、時代は戦時中であって「モニュメンツ・メン」にも犠牲を強いた。二名の戦死者が出たことは、占領直後とはいえ危険さめやらぬ戦地に赴いての作業に従事したことの証左であるともいえよう。

ミケランジェロの「ブリュージュの聖母子像」ファン・エイクの「ヘントの祭壇画」をはじめ苦労の末に運び出された美術品の数々は、それぞれの持ち主のところへ返されることになり、戦後を生きていく人々を支える礎になった。といえば、単純だが、その裏には様々な葛藤があり、現に、シリアや中東での歴史的遺産の破壊行為がなされていることに鑑みれば複雑なる心境にならざるをえなくなるであろう。

ところで、貴金属や美術品ばかりではなく五十億ドル以上もの略奪した隠し財産（金塊）が在ることは、戦後七十年を経てやっとポーランドのワウプジフ市の廃城にあることが分ったように、ナチスの隠し財産（財宝）はヨーロッパ各地やさらに南米のブラジルやアルゼンチンなどに、いまだ点在していることは、日本の武田信玄や徳川家康の埋蔵金などとは違って信憑性はかなり高いし、金額も計り知れないものがある。しかも、それらを上回る巨額な財産がスイス銀行にまだ眠っているともいわれているのだから、トレジャーハンターならずとも興味は尽きない。

さて、話は振り出しに戻るが、そのヒトラーの美術愛好は、オーストリアの小さな町ブラウナに生まれ、画が好きでリンツの実科学校に入学した頃より始まるらしい。ウィーンの美術学校を志したものの二度も受験に失敗し、建築家志望へと変ったものの、見果てぬ夢として心の奥底に燻り続けることになる。それが、後の権力を得てからの「千年帝国」であり世界首都「ゲルマニア」と世界最大の「総統美術館」の建設となって、美術品を強奪することに繋がっていく。

ヒトラーの好みは「古典的な美」であり、それは健康的な肉体美、裸体画や裸体像であって、近代美術のような都市生活と非ドイツ的な芸術作品（印象派、表現主義、キュビズム、ダダイズム）を嫌った。それらを「頽廃芸術」と呼びセザンヌ、ゴッホ、ゴーギャン、マチス、ムンク、ピカソなどを「晒しもの」にした上で、外貨獲得のために叩き売りにし、国外追放とした。が故に、これらの名画は難を逃れられたともいえる。また、占領されたフランスでは、ヒトラー寄りのビシー政権がすぐに誕生したのもパリから芸術作品が盗品されるのを防いだともいえた。

ヒトラーは、建築でも合理主義的・機能主義的な近代建築を嫌い、古典的な美に溢れたパリやウィーンをも凌駕する街並、荘厳な建築物で偉容に満ちた「ゲルマニア」を建設することが夢であった。総統のお気に入りになったのが、若き建築家シュペーアであって、ベルリンの建築総監（後に軍需大臣）に任ぜられた。映画の中でも世界首都「ゲルマニア」の模型とそれを眺めるヒトラーが登場するが、そのヘレニズム建築、ドーリア式建築に満ちた壮大な巨大建築物はピラミッドさえ凌駕する世界首都になるべき姿であった。廃墟になっても美しい古代ギリシア・ローマのような歴史的記念碑的建造物を残そうとしたが、それは、ナチスの崩壊で潰え去ってしまったのだが……。

ことほどさように、ナチス・ドイツが造った物には、ヒトラーの好みを反映して尋常ならざる先端的な兵器などが多数登場する。それらは、Uボートやメッサーシュミット、ティーガー戦車にとどまらず、ドーラ砲（グスタフ）であり、誘導ミサイル、ジェット機、V2ロケット、殺人光線などドイツの確かな技術の裏付けがあってはじめて可能な超兵器と呼ばれるべきものであった。原子爆弾の製造についてもアインシュタインをはじめヒトラーの全体主義を嫌った反ナチの科学者らがアメリカに逃れたことで先を越された格好だが、ナチス・ドイツに先を越されていたらと考えると空恐ろしい。

日本が特に好きでもなかったドイツに憧れを持つようになったのも、日本とは比較にならない科学技術力であり、電撃作戦でのヨーロッパを圧倒する第三帝国の快進撃に目が眩んだからに他ならない。陸軍はもとより政府、海軍さえも、ついには英米を敵に回すことに躊躇しなくなってしまったとさえいえよう。

さて、この世界最先端の兵器を明け渡す代わりに、ナチス幹部などはヨーロッパから南米の同盟国アルゼンチンに逃れ、生き延びたという説は珍しいものではなかったが、ヒトラーについては、最愛のエバ・ブラウンと結婚式を挙げた翌日に地下壕で拳銃自殺を遂げたとの説が定説にはなっている。が、ガソリンをかけて燃やされた二人の遺体の検死もソ連軍医師によってのみのものであることも謎を大きくしていることは確かである。

ハリー・クーパーの著書「アルゼンチンにおけるヒトラー」では、ヒトラーと千名のナチス要員がアルゼンチンで退役生活を享受出来たのは、ヒトラーがイリュミナティのエージェントで巨大資金を持ち、親ナチのファン・ペロン大統領との軍事同盟、それにウランと核の取引があったためであると述べられている。確かに、アメリカはソ連よりも一刻も早く原爆製造をしなければならなかったし、それにはドイツの情報、機材、科学者の力こそが必要であったことからも、これらを受け取る代わりにヒトラーらを逃すという合意がなされたとしても、おかしくはない。むべなるかな、と思わざる得ないところでもある。

ともかく、こういった異説が今だに出てくるのも、ヒトラー伝説であって、それだけ今日でも、ヒトラーの亡霊が世界各地に見え隠れしているともいえるのだろう。

《P・S》「ネロ命令」とは…

一九四五年三月中旬、ヒトラーは軍需大臣のアルベルト・シュペーアに「ネロ命令」の名で知られる命令を出し、ドイツ全土の破壊を命じた。国民のことは一切配慮せずに、工場、物資補給や輸送のシステムなど、連合軍側に利用される可能性のあるあらゆる設備を、軍を撤退させる際に破壊せよ、という命令だった。この「ネロ命令」には誰も従わなかった。……（日経N・G社「ビジュアル大世界史」より）

三島由紀夫的美学『憂国』に想う

…三島由紀夫『憂国』（新潮文庫）…

三島由紀夫が自決したときの一報を聞いたのは、甲府一高の一年一組の昼のホームルームであった。担任のW先生が「今、三島由紀夫が市ヶ谷の自衛隊東部方面総監部で自決しました。切腹しました」と。しかし、当時、三島の名前こそ知っていたが、どうして割腹自殺しなければならないかの理由が全く分からなかった。父親も夕食時に「あんなことをしても、今の日本じゃ何も変らん」とボソッと呟いたことを覚えている。

昭和四十五年十一月二十五日のことであった。新聞は号外を出して報じたし、テレビ、ラジオ、翌日の新聞、また週刊誌など、つまり、ありとあらゆるメディアが、その意味や影響を特集を組んで載せた。それほどに、衝撃的な事件であった。

当時、六十年代の後半、学生運動の嵐は東京から地方へも飛び火して、仲間のなかには高校を中退して運動に参加した者もいる程に吹き荒れていた。全共闘は機動隊と衝突して闘争を繰り広げているニュースが連日のように報道された。が、七十年に入ると学生運動は、既に下り坂に入りつつあった。ベトナム戦争、日米安保反対闘争などを背景に、学費値上げ反対闘争や三里塚闘争など繰り広げるなかで、内ゲバが激しくなり先鋭化していくに連れ、一般大衆とはかけ離れた存在となり、ついに一九七二年（昭和四十七年）二月二十八日には、連合赤軍による「あさま山荘事件」が起きる。

そんな時代状況のなかで起きたのが三島の事件であったが、外国では、まだ日本では、ハラキリが行なわれるのかといった一種の軽蔑とも畏敬ともとれる評価の報道もされた。川端康成以降、何よりノーベル文学賞に最も近い作家である知識人が、楯の会を結成し、陸上自衛隊市ケ谷駐屯地に乗り込み、自衛隊員に蹶起を呼びかけ、その後割腹して果てたのである。享年四十五歳。「一個の男」「真の武士」として行動し、「男は死んでも桜色」の美学を求めた最期の姿であった。

その三島が、死の九年前、六十年安保の翌年（昭和三十六年）に発表した小説が『憂国』であった。

壹

昭和十一年二月二十八日（すなわち二・二六事件突発第三日目）、近衛歩兵一連隊勤務武山信二中尉は、事件発生以来親友が叛乱軍に加入せることに対し懊悩を重ね、皇軍相撃の事態必死となりたる情勢に痛憤して、四谷区青葉町六の自宅八畳の間に於て、軍刀を以て割腹自殺を遂げ、麗子夫人も亦夫君に殉じて自刀を遂げたり。中尉の遺書は只一句のみ「皇軍の万歳を祈る」とあり、夫人の遺書は両親に先立つ不孝を詫び、「軍人の妻として来るべき日が参りました」云々と記せり。烈夫烈婦の最期、洵に鬼神をして哭かしむの概あり。因みに中尉は享年三十歳、夫人は二十三歳、華燭の典を挙げしより半歳に充たざりき。

この「壹」の張り詰めた文章の書き出しは、全てを言い尽くしていて余りあるのだが、この経緯を詳しく知りたいと、読者は引き込まれて「貳」以降を読んでいくことになる。

二人は四谷青葉町に三間の古い借家を新居とし、麗子が一人で留守を守った。新婚第一夜、信二が軍人の訓戒を垂れると、麗子は箪笥から懐剣を出し、それを黙って膝の前に置いた。これで黙契が成り立ち、妻の覚悟を二度と確かめたりすることはなかった。愛と信頼の糸が、ここで結ばれたことになる。教育勅語の「夫婦相和し」の訓えにも叶ったものであった。

そして二・二六事件が突発、信二は無言で軍服を整え軍刀を佩して雪の街へ駆け出していく。信二が戻ったのは、二十八日の夕暮れ。何人もの親友が蹶起部隊に入っていることを信二は麗子に告げる。

「俺は知らなかった。あいつらは俺を誘わなかった。おそらく俺が新婚の身だったのを、いたわったのだろう。加納も、本間も、山口もだ。おそらく明日にも勅命が下るだろう。奴らは叛乱軍の汚名を着るだろう。俺は部下を指揮して奴らを討たねばならん。……俺にはできん。そんなことはできん」

信二の心は決まっていた。悩みを語っているのに、もう逡巡はなかった。

「いいな、俺は今夜腹を切る」「覚悟はしております。お供させていただきとうございます」「よし、いっしょに行こう。ただし、俺の切腹を見届けてもらいたいんだ。いいな」「麗子はこの良人のこの信頼の大きさに胸を搏たれた。中尉としては、どんなことがあっても死に損なってはならない。そのためには見届けてくれる人がなくてはならぬ。それに妻を選んだというのが第一の信頼である。共に死ぬことを約束しながら、妻を先に殺さず、妻の死を、もう自分には確かめられない未来に置いたということは、第二のさらに大きな信頼である。もし中尉が疑り深い良人であったら、並の心中のように、妻を先に殺すことを選んだであろう」

身を清めた後、信二は軍服で、麗子は白無垢の姿で茶の間に正対する。遺書は二階の床の間に置かれ、掛け軸は外すべきだったが、仲人の尾関中将の書で「至誠」の二文字だったので、そのままにした。たとえ血しぶきがこれを汚しても、中将は諒とするであろう。信二は床柱を背に正座をして、軍刀を膝の前に横たえ、押し殺した声で言った。

「介錯がないから、深く切ろうと思う。見苦しいこともあるかもしれないが、恐がってはいかん。どのみち死というものは、傍から見たら怖ろしいものだ。それを見て挫けてはならん。いいな」

「はい」と麗子は深くうなずいた。

死を前にしての夫婦の情愛は激しく、その分、良人の夥しい流血と痛苦を伴う割腹自殺は凄惨を極めるも、麗子の咽喉元へ突き刺す刃先は血の幻と化して、エロティシズムの極致を描いた作品ともなった。

三島にとって、「政治に裏切られた美しきものたちが、二・二六事件の青年将校であり、また特攻隊員であった」という心情も諒解できる。

あの張り詰めた時代状況がもたらした、死を前にしての夫婦の愛と信頼を問うた傑作と言えよう。

《P・S》「二・二六事件」について

一九三六年二月二六日、陸軍の皇道派青年将校らが国家改造・統制派妥打倒を目指し、約一五〇〇名の部隊を率いて首相官邸などを襲撃したクーデター事件。（広辞苑）

乱歩への熱きオマージュ

～江戸川乱歩・没後五十年（二〇一五）に寄せて～

…『江戸川乱歩傑作選』（新潮文庫）…

乱歩の多才は、初期の短編、中期の怪奇猟奇色の強い中長編、そして「怪人二十面相」の少年探偵もの、さらには探偵小説の研究・評論家としての側面などに表れている。それらの作品はどれをとっても甲乙つけがたしで、（人によって興味の深浅はあろうが）文章は読みやすく明快、興味津々の内容や大正末期から昭和にかけてのエログロ・ナンセンス時代にも惹きつけられて、時間の経過を忘れさせてくれる。

ところで近頃のミステリーを読んで感じることは……登場人物がやたらと多くて、時間ばかりとられて読んだあげくに、犯人が誰かが分かっても、その動機らしきものは見当たらず……で、ストレスは溜まり、イライラしてきて、読後感がすっきりしない。推理小説として読んだら、とてもたまったものではない。救い難い作品の氾濫であるとさえいえる。「バカミス」などと言って済まされる問題でもない。どうしてこんな面白くも何ともない小説が、社会派推理小説なんぞになるのか？　清張がこの惨状を見たら何と言うだろうか。一喝を喰らうことは間違いあるまい。現代ミステリーの弱点などといっていては済まされない問題だろう。そんな作家には、近づかぬが一番なのだが……。

話が乱歩から逸れてしまったが、乱歩は探偵小説を次のように定義している。「探偵小説とは、主として犯罪に関する難解な秘密が、論理的に、徐々に解かれて行く径路の面白さを主眼とする文学である」（『幻影城』昭和二十五年）このような定義に当てはまるものを、「本格派」といった。後、乱歩は木々高太郎との論争において、（甲賀三郎の如くに「本格」のみを認める立場に乱歩はなかったのだが）謎解きを重視することから、「人間椅子」や「鏡地獄」などは「変格」ではなく怪奇小説であり、「押絵と旅する男」「パノラマ島奇談」などは幻想小説、「蟲」などは犯罪小説であるとした。乱歩は、探偵小説の多様性を主張し、「本格」「変格」の分類に拘泥したわけではなかったが、確かに、その足跡を辿れば、スタイルの変遷は一目瞭然なのではある。

さて、そんな甲乙つけがたしの乱歩の作品であるが、「本格」ミステリーとして評価が高いのが初期の短編である。そして、これは見事に『江戸川乱歩傑作選』（新潮文庫）として供せられている。解説の荒正人によっても、「ここに収められた九篇は、初期の乱歩の傑作である。一般に探偵小説は、犯人が判ってしまうと再読に耐えない。だが、乱歩の場合は例外で、普通の小説と同じように、何度読んでも印象が新鮮である。乱歩は、日本の本格探偵小説を確立したばかりでなく、仮に恐怖小説とでも呼ぶべき芸術小説を創り出したのである。その功績は、文学史上に残るものと思われる」と述べているが、共感せざるを得ない。これらの作品は再読どころか三読も四読もしたが、飽きるどころか論理の構成や文章の運びに舌を巻き、味読する喜びに浸り、堪能することができた。正に傑作と呼ぶに相応しい。松本清張解説の『江戸川乱歩集』(『日本推理小説体系』東都書房)では、上記の九篇以外に「陰獣」「押絵と旅する男」「柘榴」「月と手袋」「化人幻戯」の五篇が入っているが、これらは「変格」ものといってもいいが、必読の名品であるといっていいだろう。清張も、「初期の珠玉の短篇は、日本創作推理小説に不滅の価値を残した」といい、「十数編の短篇小説によって全生命を燃焼し尽くし」た一連の作品は「永遠の光芒を放つ」とまで絶賛を惜しまない。

そんな初期短編のなかでも、明智小五郎をはじめて登場させた第一作の「D坂の殺人事件」と第二作目の「心理試験」を味読・堪能してみたい。特に「心理試験」については、小酒井不木に原稿を送り、自分が職業作家としてやっていけるかどうかの認定を頼んだほどに力を入れた作品でもある。

まず、第一作に出てくるD坂であるが、東京は文京区本郷の団子坂で、ここの古本屋で事件が起きる。この古本屋こそ乱歩がかつて弟らと経営したことのある「三人書房」をモデルとしているのだが、ここの店の女房が殺害される。主人公である「私」は白梅軒という喫茶店で偶然にも明智と居合わせたことで、この事件に関わっていく。一見、完全犯罪のようにも思えるトリックをどのように解き明かしていくのか、読者は「私」の視点に従って読み進んで推理していく愉しみを味わうのだが、謎は深まるばかりで解決の糸口らしきものさえ見つからない。藪の中。が、ここで「私」は、犯人を明智とした推理を展開し、なるほどと思わせてくれる。ただ、ここで、終わってしまっては、ミステリーの面白さイマイチで半減してしまいかねないのだが、さにあらず。ラストで明智の名推理が開陳され、「私」と読者は、ここでホームズからワトソン役へと立場は入れ替わり、明智探偵に頭を垂れざるをえなくなる。してやられたり……と。「私」と明智のような二人の知恵比べのようなやりとり・展開は、名作「二銭銅貨」や「二廃人」でも出てきて、ラストに読者にアッといわせる衝撃を与えてくれる。これぞ、ミステリーの醍醐味で、この最後のドンデン返しがなくては、面白みは半減せざるを得ない。

第二作目の「心理試験」にも、明智小五郎が登場するのだが、ここでは明智は既に書生上がりの風体ではなく、捜査関係者や世間にも一応名の知れた存在になっている。後に明智は「少年探偵団」にも登場して怪人二十面相と対決していくことになるのだが、そのプロトタイプがこの第一作と二作目にあったというわけである。

このストーリーでは、最初に犯人の蕗屋が老婆を殺害する場面が登場するのだが、まさに、これはドストエフスキーの「罪と罰」でのラスコーリニコフの犯罪場面と（理由までもが）そっくりなことに気づく。乱歩はポオと同様にドストエフスキーにも相当に傾倒していたことがわかる。

また、この作品には、第一作において少しばかり匂わせた（……「明智が人間の心理について「私」に解説する）犯罪心理学の知識を興味深い形で展開・発展させ、その扱い、つまり学問の実践的な応用までをもが説かれている。この骨格になっているのは本の中にも登場してくるミュンスターベルヒの『心理学と犯罪』で、それは、連想テストによって犯罪者の反応を確かめるものであった。事件に関連のある語と関係のない語をちりばめておいてその回答（反応語）にかかる時間から推定するのである。さらには、それを表情などからだけでなく、手の微細な動きや眼球の動き、呼吸の深浅遅速、脈拍の高低遅速、四肢の血流、手足の微細な発汗などを様々な機械で測定する方法も紹介される。だが、実際には、その回答の反応語にかかる時間のウラまでを考えて臨む犯人・蕗屋清一郎とさらにウラの裏までを考える明智小五郎とのやりとりと対決こそが、この作品の白眉であると言えよう。

この話は、倒叙型といって、最初に犯人（蕗屋清一郎）が読者に知らされていて、それを笠森判事とその助けを受けた名探偵の明智が解明していくのである。かつての人気テレビ番組「刑事コロンボ」がそうであった。これが従来のミステリードラマと違ってスコブル面白かったのは、視聴者がコロンボ警部と共に犯人を追い詰めていく醍醐味を味わうことができ、最後に動かぬ証拠を提示して（そこでは、視聴者をもアッと言わせるトリックがコロンボによって解明されて）犯人が御用となるからである。このパターンでは、犯人が最初に判っているから、登場人物の多寡に拘わらずにミステリーの推理を存分に楽しめるようになっている。が、その分、小説にしろ脚本にしろ十二分に練られた筋と論理の組み立てが必要で、ストーリーの構想を練り構成や展開を考える上ではかなりの困難さが伴うように思われる。ちなみに、こういったミステリーを創始したのは、イギリスのオースチン・フリーマンで、「オスカー・ブロズキー事件」が最初であるということになっている。乱歩は、この『心理試験』は無意識に書いて、後で、こういったパターンがあるということを知ったという。

最後に、明智は動かぬ証拠を突きつけるために、金屏風に「トラップ」を仕掛ける。犯人の蕗屋も何のことかと、一瞬たじろぎもするが、素直に答えるのが一番と回答するのだが……。

この仕掛けたトラップによって、まさかの蕗屋も（そして何より読者も）完全に明智の術中に嵌まってしまい、白旗を揚げざるを得なくなる。正に、「本格」の醍醐味を味わうことになる。

最後に、この二作品以外の乱歩の初期短編を紹介してこの項を閉じる。

「二銭銅貨」は遊民である貧乏学生が主人公で、南無阿弥陀仏をコードにした暗号ものの傑作。最後のどんでん返しには、一本獲られたと誰しも思わざるを得ない。

「二廃人」は二人の老人（夢遊病者と傷痍軍人）が語り合う過去の奇妙な物語。清張は「二銭銅貨」について「志賀直哉の短編の冒頭にも匹敵する」名文であると賞賛しているが、この両作品とも何気ない書き出しではありながら、作品全体をも象徴する巧みな文体で、舌を巻かざるを得ない。

「赤い部屋」は秘密倶楽部で殺人遊戯を愉しむ面々に、最後にアッと言わせる種明かしが用意されていて興趣をそそる。

「屋根裏の散歩者」は、天井から屋根裏に入り込み殺害する奇想天外を幻想的に描く。

「人間椅子」も、人間の怪奇趣味と恐怖小説の融合。最後の手紙に見られるドンデン返しは、「赤い部屋」の種明かしと同じだが、迫力はこちらの方が勝る。

「鏡地獄」と「芋虫」は、幻想耽美、猟奇頽廃の趣味世界。乱歩の以降の作品に繋がっていくものである。

一九六二年の推理小説展望

…『思想の科学』・昭和三十七年十月号の「特集・日本の推理小説」を読む…

平成二十七年七月二十四日、戦後の日本を代表する哲学者であり、思想家である鶴見俊輔が逝去された。九十三歳であった。戦後の知識人の代表であると同時に該博な知識で大衆文化や日本人の精神史に関する著作を多く残した正に知の巨人であった。また「思想の科学」をはじめとして庶民の立場に立っての活動はエリート臭を感じさせず、ベ平連での活動の他、多くの若手の研究者をも育てた。平成二十年十二月に歿した加藤周一に同じく日本の誇る最高の頭脳がまた失われることになった。

そこで、鶴見が代表となって発行していた昭和三十七年発行の『思想の科学』十月号を紐解いて読んでみた。編集は、佐藤忠男から加太こうじにバトンタッチされたところで、特集は「日本の推理小説」という興味深いものになっている。推理専門誌外の思想誌が昭和三十年代の推理小説をどのように概観していたか、その一部を解読してみることにした。

特集の最初は「推理小説の作者と読者」という座談会で、十頁にも及ぶメインの記事になっている。メンバーは水沢周、松本清張、高木彬光の三氏によってである。当時、松本清張は五十七歳、丁度油ののっている頃で「日本の黒い霧」「昭和史発掘」や「深層海流」などのノンフィクションものを手がけてもいる時期であり、それへの言及も見られる。主な発言のみピックアップしてみると……。

水沢：日本の推理小説は戦前から戦後の一時期にかけてはすべて輸入品か翻案かのどちらかで、ここまでが前史。そこに登場したのが松本清張でありミステリアスな事件に大衆は飛びついていった。

高木：小説というものが大体、ミステリー的で次はどうなるのかという興味に惹かれるもの。

という高木の発言を受けて、清張は……

松本：日本の小説は自然主義が底流で、身辺雑記から心理のアヤを克明に描いていくのが文壇の主流で、筋のある小説は大衆小説ということになっていた。心理のひだを細かく描く日本の私小説的ないきかたが、小説の構成を弱くした。にもかかわらず、批評家には私小説的なものが重んじられている。自然主義文学の影響で、作品と作者の生活や環境とが密着して考えられすぎる。私小説の単調さが読者に飽きられたと思う。読者はもっと小説に構成力のあるものを要求している。推理小説は構成を第一に考えるから直線的で平板な小説より面白いのではないか。本格探偵小説は、あらゆるトリックを考え尽くして、いろんなものが発明されたが、トリックに重点を置きすぎて登場人物の背景や性格や生活が出ていない。手品の面白さだけだったのに不満だった。トリックをあまりに重視しすぎるとリアリティがなくなる。

高木：密室ものは、手品に尽きる。

松本：日本のプロレタリア小説は、自分を被害者として、その立場ばかり書いている。それで宮本百合子みたいに私小説だかプロレタリア小説だかわからないようなものができた。どうしてプロレタリア階級の加害者の立場を書かないか。独占資本がどのような仕組みで労働者を圧迫しているかを、なぜ小説で描かないか。それをしなかったことが、プロレタリア小説を狭小化し不毛なところに追い込まれた一つの原因である。

このように、清張は、日本の伝統的な私小説の欠陥を指摘、そこに推理小説の構成が読者の求めるものに合致していたことを述べる。ただし、手品のようなトリックだけではだめで、社会の不正を暴いていくような方向性の必要も考えているとして「日本経済界の奥の院には誰が座っていて操っているのか……」とも述べ、ノンフィクションへの意欲を窺わせている。

別の項では、清張について森秀人は清張の推理小説では、無名の大衆が主人公となり、仮面をかぶって舞をまう。ここにあるのは、世阿弥以来の幽玄の世界であるとし「清張と幽玄の伝統」と題する論考を寄せている。

また、高木彬光は「これからやってみたいと思っているのは仮定と仮説の第二次世界大戦史」であるとし、一つは、もし日本海軍がミッドウェーで敗れなかったらというもの、あと一つはドイツが先に原爆を完成させていたらというもので、米ソの対立のかわりに、日独がバルカン半島で戦う長編を書いてみたいと述べていたが……。

＊お薦めの密室トリックの傑作では、ガストン・ルルーの「黄色い部屋」、バン・ダインの「カナリヤ殺人事件」、優れたトリックでは、アガサ・クリスティの「アクロイド殺人事件」をあげている。

次は、加太こうじ編集長の「岡本綺堂の半七捕物帖をほめる」と題するもので、「半七捕物帖」には新しいトリックなど何もないが、生と死のおりなすさまざまな意匠を通して、他のいかなる作家をもしのぐ江戸の風物詩が描かれている「江戸の郷土文学である」と述べている。加えて「半七捕物帖」の特長としては、犯人、犯行に関係した人物達の後日談（事件が終わった後でどうなったか）があることで（それは古往今来の推理小説にはないもので）あたかも本当にあったかのように思わせる効果があったと。さらに岡本綺堂の作品のような大衆に親しまれた読み物こそ、決して私小説や文壇人の愛欲のもつれを書いた小説よりも優れているという、そんな文学史（の評価）が書かれてもよいではないかと訴えている。全くの同感である。とはいえ、大衆小説が、みなすぐれた文学かといえば、くだらない作品の方が多く、推理小説においても、すぐれた作品は指折り数えるしかないとも指摘している。むべなるかなである。

三番目は、鶴見俊輔の「ドグラ・マグラの世界」の紹介である。この「ドグラ・マグラ」という言葉は、維新前後までは切支丹伴天連の使う「幻魔術」を云った長崎地方の方言で、今では単なる「手品・トリック」の意味で、一種の廃語同様の言葉であると。「堂廻目眩」、「戸迷面喰」という字をあてて「ドグラ・マグラ」と読ませている。端的に言えば一種の脳髄の地獄の物語であるといえよう。そもそも、作者の夢野久作は本格嫌い、どれもが探偵味は薄い作品ばかりで、探偵作家ではないと考える評者は多い。というより、怪奇・醜悪美の極致を描こうとする彼には本格も変格もなかったし、東京に進出して居をかまえた矢先に急逝したこともあってか、福岡に住んだ地方作家（の異色作）ともいえる。

この作品の世界観は、第一次世界大戦の深い影が落した脳髄の地獄を書いた小説で、世界は狂人の解放治療場だという説を展開している。自分をさがす探偵小説として、推理作家の始祖ポウの「ユリイカ」、第一次大戦後に表現主義の作家カフカの「審判」「城」「変身」、第二次大戦後の実存主義の作家サルトルやカミュの用いた死人の眼から人生を見る方法ともよく似ているという。それは、思想の容器としての推理小説であり、日本の右翼思想の方法上の特色を集約的に表現しているともいえるのだが、それもそのはずで、彼の父・杉山茂丸は丸腰捨身の浪人として頭山満と親しく、玄洋社とも深いつきあいをもったということが、彼（夢野＝杉山泰道）の作品に影響している。とはいえ、明治の右翼浪人が顔を出しても、それは国粋主義者・国権論者ではなく、自由民権の拡大とアジア解放を求めるインターナショナルな民族主義者で、このような右翼浪人の姿は「犬神博士」「氷の涯」にあざやかであり、この民族主義の考え方は、「ドグラ・マグラ」では狂人による犯罪のナゾトキの過程を描く徹底的唯名論（ラジカル・ノミナリズム）であると。精神医学教授の正木説によれば、脳の拡大（脳は電話局）で、それぞれの細胞が考えるとする徹底的体感主義であり、組織論の上での自由連合主義であるインターナショナリズムであった。法医学教授若林博士の精神科学応用の犯罪は、狂人の解放治療場での殺しあいの惨劇の実現となり、その惨劇によって自分の学説は実証されたとうそぶく考え方は、戦後派的でさえあると鶴見は述べる。

何しろ、一つの物語のなかに様々な論文や書物の考えが入り込んできて、まともにストーリーを追うというような訳にはいかない。乱歩が「わけのわからぬ小説」と評したように、現実か幻覚かさえ分からなくなるまさに「ドグラ・マグラ」してしまう常軌を逸した奇書なのである。が、こういった難解極まる書物に惹かれるのも致し方ないのではなかろうか。

最後は、沢田允茂の「推理小説と論理的思考」と題するもので、新進論理学者が語る現代推理小説論とは、個人推理の面からみる普通の小説と、社会的問題としてとらえる推理小説とが相互に浸透してゆかねばならないと主張するものである。

金矢千里編の「日本推理小説略年表」と「河太郎ベスト一〇その他」と題する中島河太郎に聞いた名作一〇選を特集号の末尾に載せることで花を添えている。ちなみに、その作品は、以下のようなラインナップとなっている。

- 江戸川乱歩『陰獣』　昭三　新青年
- 小栗虫太郎『黒死館殺人事件』　昭九　新青年
- 木々高太郎『人生の阿呆』　昭十一　新青年
- 久生十蘭『ハムレット』　昭十一　新青年
- 坂口安吾『不連続殺人事件』　昭二十二　日本小説
- 高木彬光『刺青殺人事件』　昭二十三　宝石
- 鮎川哲也『黒いトランク』　昭三十一　講談社
- 横溝正史『悪魔の手鞠唄』　昭三十二　宝石

・松本清張『黒い福音』　　　　　　　　昭三十五　週刊公論
・笹沢佐保『空白の起点』　　　　　　　昭三十六　光文社

※この昭和三十七年発行の『思想の科学』十月号には、特集の他にも様々な（連載）記事が載っている。鈴木正の「戦争責任と戦後民主主義」、いいだ・ももの「漫談明治思想史・西田哲学の巻」、中沢護人の「日本の鉱脈・橋本左内論考」、今西錦司の「アフリカの話」、桑原武夫の「インドの印象」など、今にしてみれば錚錚たる顔ぶれであることが分かる。

これらとは、また別に読者の投稿作品もプロの連載寄稿者（作家・評論家）と全く同等に頁を割当て、庶民大衆の切実なる声を載せてもいる。これは、鶴見の「今度の雑誌は、立派な投稿をすいよせる磁石にしていき、地方に編集の一部を依頼する」という考えに基づいている。これからも分かるように所謂、一般の雑誌とは異なって、ある方向性を持ったサークルの機関誌というか会報誌のような意味合いを持った主張のある雑誌であることが窺える。購読者も日本の大都市を中心にして「思想の科学」を基にした読書会や勉強・研究のサークルを立ち上げていて、その総会までもが持たれるなど、活発に活動している様子をも見て取ることができる。

この十月号のなかでも、中学三年生の島村典孝くんの投稿「ぼくの東京散歩」には何と十七頁をも充てて（本誌のなかで最大頁数を確保）掲載しているし、小川晴夏の「同時代観・

歩くべき道があるか」、千葉県の堤省一の「声」などにも見られるとおりである。これも、いい投稿作品には、投稿欄などに閉じ込めるのではなく、存分に発表の場を与えるという当時としても希有な雑誌であったと言えよう。しまねきよしの「六二年度総会・研究討論会に参加して」や松本市寿の「ユートピアの会・合宿の記」などのサークル報告もあるが、これも鶴見俊輔の庶民はずっと庶民のままではない、という考えが反映されているようにも思われる。このように、一般読者とプロの文筆家を分け隔てず、いいものには（誰であろうと）惜しみなく頁を割当て掲載していくという姿勢は、今日の雑誌には見られない特色であると言えよう。

推理作家・木々高太郎と大脳生理学者・林髞の間

木々高太郎は「探偵小説芸術論」を唱え、最初は本格探偵小説の総帥・甲賀三郎と次に江戸川乱歩の「探偵小説は、文学ではない」という主張と対立して論争を繰り広げたことはあまねく知られている。

乱歩の「……小説としての体裁、文章などは、あくまで「文学的」であってほしいとか、しかし、その主軸とするところは「発明せられたるトリック」とその解決であって、そのために人物はすべて道具として取りあつかわなくては、探偵小説とはならない。純文学のように人物が生きることを作者がつとめると、探偵小説としての本格的の面がどうしてもなくなってくる」という主張に、木々は同意しつつも、探偵小説文学論は、「なるほど、現在までの探偵小説はみんな文学ではなかったとしても、将来も同じであるとはかぎらない。また推理や捜査があり、トリックがあっても、真の重大なトリックは人間の性格と生活により出てくるであろうし、犯罪の動機などの点については、どうしても人間を描かなければ、立派な探偵小説はできないはずである」として、それは探偵小説であり、また文学でもあるはずと述べ、それに向かって努力せねばならないではないかと、主張する。そして、この主張は奇しくも松本清張の登場によって実現せられていくことになったのは周知の事実であるし、その清張を三田文学に紹介したのは木々であった。これは、『推理小説入門』のなかの「探偵小説の諸問題」において、述べられているところである。

今では、木々の「推理小説」という用語の方が市民権を得て、寧ろ「探偵小説」のそれの方が、（「偵」という字が、当用漢字からなくなったこともあってか）戦前の正に探偵の活躍する限られた小説といった意味合いにしか使われていない。尤も「ミステリー」という用語が、ポピュラーである今日ではあるから、こういった論争があったことくらいは、木々の名前と共に記憶に留めておいてほしいところである。

さて、木々のデビュー作「網膜脈視症」について語る前に、その生い立ちに触れておかなくてはならない。本名は林髞で、甲府の山城というところで代々続いた医師の家に生まれ、文学を志（詩人の福士幸次郎に師事）しつつも慶大医学部に進み、さらにソ連・レニングラードの条件反射の権威・パブロフに学んだことが、カッパブックスの『頭脳』や『頭のよくなる本』などの啓蒙書を書かせ、その名をポピュラーにしたことはいうまでもない。個人的には、これらの本に随分とお世話になったが、多くの日本人も同様であろう。欧米人に比して、日本人も含むアジアの民が一歩遅れるのは、ビタミンB1の不足からくるのであって、それには米食よりパン食にするべきであるとした主張など、今でも記憶の片隅に残っている。敗戦を経験し、自信をなくしている国民に、欧米に追いつくための大脳生理学に基づいた頭脳管理の画期的方法が満載されていたこともあって、大ベストセラーになった。今、読み返してみても「老人のボケもがんこもビタミン（B・E）が関係している」など納得ずくめで、神吉晴夫の創作出版が当たった格好となった。カッパブックスのノンフィクションものでの『英語に強くなる本』などと共に「パンのように売れた」のである。

勿論、専門書もパブロフの「条件反射学」の訳書をはじめ、生理学関係、血液や呼吸、大脳などに関する著作を多数出版し、実生活でも大脳生理学の応用として、小説を書く時の机と生理学研究の時のそれとを別々にして、条件反射的に頭を切り換えているとのことであった。が、子息の林峻一郎によれば、『笛吹』という自伝的小説をのみ「読んでごらん」といって渡されたことが記憶に残っているものの、家庭では神経生理学者としての顔しか見せなかったというのである。

さらに、大胆な説を唱え、それを実践してみせたところは、かの有名なる「二度結婚説」であって、若いうちに人生経験豊かな中年の異性と結婚し、中年を迎えたら今度は若い人と一緒になるのがいいというのである。歳と共になくなってくるパワーを補ってくれるのは、若い異性であって、彼女らと付き合うことでしか得られないものがあることは事実で、絶対に必要なことだと筆者も大いに同意したい。

さて、話を探偵小説作家・木々高太郎の方に戻すと、傑作「網膜脈視症」も大脳生理学者・林髞の側面が大いに影響を及ぼした作品になっている。これは、臨床精神科医の大心内先生が一人の神経症の少年を診断するなかで、動物恐怖や網膜脈管視の症状から、過去において少年の実の父親が殺害されたことを推定していく。その過程において弟子の岡村学士が、その解釈を述べ、脅迫することで逆に命を落とすことになるのだが、神経症の分析解釈から導き出された結論は、犯人に有無を言わせないものであった。この作品に新青年編集長の水谷準は「原稿を見たときに他の作家にない文章の張りを感じた」と述べ、四段抜きの新聞広告でも「コーナン・ドイル日本に再生す。その筆致、その構想、堂々たる本格流。精神分析を探偵小説に取り入れて、はじめて成功せる新人の処女力作、山路に渇して噴水を見出したる喜び」との惹句をつけている。それほどに、斬新なアイデアであったといえよう。

ところで、疑問と言えば、この犯人の妻の松村家は代々素封家として知られているのに、その一人娘に粗野なブローカー（実はアヘンの密売をしている犯罪常習者）の男がどうして（どこで、どう知り合って？）後婿に入ったのかという点である。何しろ最初の結婚相手は帝大出の文学士というのだから、余りにもギャップがありすぎはしないか。この点は、筋とは直接は関係ないものの、気にはなったところである。

新青年の連続短編の筆者に起用されたその第二話は「眠り人形」という作品である。これは乱歩の第三期の作風にも似ているきわどい煽情的・グロテスクな作品であるが、天才学者の異様な脳髄を見せつけられているようでもあり、当時の時代の雰囲気にマッチしていたのであろうとも思われる。それを生理学の専門用語（嗜眠性脳炎、頸部硬直、ケルニッヒの症状、眼瞼下垂、搐溺、震顫、脳脊髄液、腱反射等）を駆使して、ハイブラウな作品に仕立て上げた力量には、敬服せざるをえない。

「就眠儀式」は、臨床精神科医の大心内先生が再登場する。今回は神経症の女性が登場し、眠りに就くまでの様々な儀式を踏まえなければならないという症状から、彼女の父親の犯罪を予測してしまう。深層心理学を駆使する点では同じではあるものの（トリックにも新機軸が見て取れて面白いのだが）どうも「網膜脈視症」の二番煎じという気がしないでもない。

「青色鞏膜」（せいしょくきょうまく）は、タイトルからして聞き慣れない言葉であるが、立派な医学用語である。白眼のところを鞏膜というが、これが薄いために中の血管が透き通って青く見える、という体質のことで遺伝するというのだ。この作品では、それが事件の解決を握るのだが、旧い時代からの因習、本家と新家、門閥や血統、渡り者、下男下女といった身分の違いといったことが根強く残っていて、しかも癩病が遺伝とか伝染病と考えられていた時代が背景となっている。林の郷里・山梨の身延の奥深い山村が舞台で起こった事件（悲劇）だとすれば納得も出来よう。深沢七郎の「楢山節考」の姥捨て伝説などが決して伝説ではなかったことも窺えて興味深い。真相は鮫島博士の手によって二転三転し解決する本格もので、遺書が重要な示唆をしている。尤も、これは涙なしには読み切れない恋愛小説ともいえ、東京から久しぶりに故郷に帰ってきた洋装の娘・千沙子の恋心には胸を打つものがある。

現在、木々の作品については、直木賞受賞作である「人生の阿呆」を含む全集が昭和四十五年に朝日新聞社より『木々高太郎全集』として刊行されているが、それは全てではなく平成二十二年に刊行された論創社の『木々高太郎探偵小説選』には全集に入っていない作品が収録されている。とはいえ、随筆や評論などはともかくとして、大脳生理学者・林髞としての側面も取り上げられてしかるべきで、専門書は除外したとしても、生理学関係の啓蒙書の類いは木々高太郎に密接に結びついているが故に、関連書籍（の抄録でも）を収載した全集が待たれる。

歴史探偵という斬新さ

……鈴木武樹編『安吾の古代史探偵』（講談社）……

安吾といえば、読者の多くは戦後の世に一世風靡した評論『堕落論』か小説『白痴』の作者としてのイメージをまずは思い浮かべるであろう。推理小説に関心がある方なら、乱歩先生の激賞で第二回日本推理作家協会賞を受賞した『不連続殺人事件』の方を思い出すのかもしれない。

しかし、安吾は、ただの作家ではなかった。平成十二年に完結した筑摩の全集を通して眺めてみても、そこには日本の思想史を代表するといってもいいほどの卓見の数々が提出されていて驚きを禁じ得ない。当人は名エッセイストであるなどということを当然、喜ぶべくもなかったのではあるが、それにしても最近発見された天皇に関するエッセイなどをみても新たな知見が見てとれて「思想家・安吾」の一面を垣間見ることができる。

さて、鈴木武樹の手によって編まれた『安吾の古代史探偵』は、序章に、雑誌『新潮』の一九五一年十月号に発表された安吾の「歴史探偵方法論」をもってきている。これは、第一章以下の歴史譚を読み進めるときの案内の役目を果たしているのだが、同時に、犯人当てが大好きであった安吾の探偵眼が捉えた「歴史」の解釈を伺い知ることができる格好の読み物ともなっている。

のっけから「私は歴史については小学校一年生で、ちかごろ志を立てて読みだしたばかりだから多くのことは知らない。けれども、一年生ながらもお歴々の大先生方の手前をはばからずいわなければならない一ッのことがあると思うようになった」といい、「歴史」と「探偵」の作業の類似を説き「（歴史は）証拠によって史実を判断するもの」だからであると述べる。「即ち、タンテイは現場をメンミツに調べ（推定では証拠にならず、軽率に証拠をそろえて犯人などあげたらかえって弁護士に不備をつかれてしまう）発見した証拠は法廷に於いて真偽の論争を展開し、一審二審、高裁、最高裁と、さらに法医学、鑑識科学までも使い、証拠力の軽重を判じて結論する」それなのに、歴史の場合は、それがいい加減、テンデンバラバラ、ひどすぎませんか？　と。史家の偏見が許されるのは、あくまで人物評論などの場合に限られるべきで、史実判定とは違うことを認識する必要があるのではと述べる。なるほど、そういわれてみれば、と思うこともないではない。

しかし、難しいのは、白とか黒とか結論のつかない灰色のままの事物があまりにも歴史には多いことであろう。筆者の地元といえば、武田家にまつわる氷解しない問題が数多く残されている。天目山の景徳院で勝頼最後の自害石が「ここだ」「あそこだ」と結論はつかないままになっているし、（多分、永久に解明されることはないであろうと思われるが）そこが郷土史家の先生方の飯のタネにもなっている。

閑話休題。本論に入ると、

「戦争に負けるまでは国撰の六国史や『古事記』にケチをつけてそのアヤマリを立証することは許されていなかったから、それについてトヤカクいうのは酷であるが、しかし、同情的に見てもどうかと思うことが多い。……記・紀の記事をもって史実を定め、証拠の真偽の基準とするという方法に疑いをもたないタンテイは信ずるには足らない」として、白紙の考えで記・紀を読んだり、他の資料を読んだりする中で証拠が現れてきて、さては、こんな史実を隠すのに記・紀はこんな風に偽装したのか、というのでなければならないハズだと述べる。現場の証拠と史実を突き合わせるという単純なことこそがタンテイにとっては原則でなければならないはずであって、先入観こそ禁物だというのである。

それについては、外国の文献も同様で、記・紀は信用がおけないからといって、当時の文化高き国の史書「魏志倭人伝」なら確かだろうと信をおいてしまっていいのだろうかと疑問を投げかける。なぜなら、倭人伝とは、

「シナの一旅行者がたまたま日本に足跡を印して本国へ帰ってこんな国があったといって語った旅行記だ。……当時たまたま日本の地をふんだ外国人が日本の地理風俗官名などについて語っていることが正確であり得ないのは当然のことだ」し、例え正確無比に調査したものであったとしても「それを立証する事実がなければ、万が一の可能性を信ずることができないのは当たり前」で「たとえば二分の一の可能性であっても、それを立証する事

実がなければ法定の証拠とはなり得ない」と断言している。ましてや、これをもとに邪馬台国や卑弥呼についての大論文や中論文を著して、日本の古代史解明云々をするのは、てんでおかしいと。

安吾は、最後に次のように述べる。

「物的証拠があっては抽象論は無力ですが、しかしながら、外国人がたまたま未開国を歩いた見聞記が正確な事実を伝える場合もありうるという可能性は甚だ低いものですが、文化の低い古代人が史書に複雑なカラクリを施す力がない、というのは大胆な論断にすぎる」とし、誰しも家を起こし、財産でもできれば、源氏や平家に始まるニセの系図をつくって見せびらかしたくなるもので、古代人にとってはそれこそ重大な問題・関心事であったはずと考えるべきではないかと主張している。だから「自称名タンテイの説はむしろアベコベで、一向に人性に即さぬもの」であり「文化が低い古代人だから、特にそういうカラクリが必要欠くべからざる大事で、その手法にも熟達していた、そう考える方がむしろ人性に自然ではありませんか」と結んでいる。

編者の鈴木武樹によりセレクトされた安吾の九論文（エッセイ）「高千穂に冬雨ふれり」「安吾・伊勢神宮にゆく」「飛鳥の幻」「飛騨の顔」「飛騨・高山の抹殺」「高麗神社の祭の笛」「柿本人麿」「道鏡」「道鏡童子」もまた名品揃いで読ませるし、微細にわたった解説も古代史への造詣を深めるのに大いに役立つはずだ。

ミステリーの陥穽を解剖

…木村晋介『キムラ弁護士、ミステリーにケンカを売る』（筑摩書房）…

この本の帯には「この本は素晴らしい」と書かれていたが、本当に読んで全く共感、ミステリーの誤り、欠陥、不自然が一刀両断されていて、確かに素晴らしいの言に偽りはない。例えばミステリーを読んだ後に、何という時間の無駄をさせてくれたなとか、どうもイライラするといったような症状の方には特に効き目のある精神安定剤として、お買い得な本だと推薦しよう。

名著の誉れ高い作品でも、首を傾げたくなるような内容に合点がいかないことがある。文章や構成が素晴らしいから、それだけで、この作品は賞をとったのかと思わざるをえない作品に出くわすことも多い。これは、果たしてこちらの読み方が間違っていたのかと気になりかねないこともある。

さて、そんな御仁のために木村弁護士は快刀乱麻、斬って斬って斬りまくってくれた。しかも「長くて登場人物の多いミステリー小説を読む人の気が知れない」との言に同感する人なら尚更のこと納得できるものである。

まずは、ミステリー篇の最初に高村薫の『マークスの山』を取り上げケンカを売っているが、さすがに弁護士的観点からの指摘はごもっともとして、シロトでもやはり、殺人の動機（犯人のトラウマ）の不自然さには同感せざるをえない。MもRもAも弁護士や検察官、医師というういわばエリートである。そんな連中がしでかす事件にしては、どうしても、ありえない話だということになってしまう。福田和也の『作家の値打ち』でも、この作品は五〇点と厳しく「警察の生態などの描写は精緻をきわめているが、どうにも連続殺人の動機がおそまつで説得されない」との指摘にも共感せざるをえないし、どうしてこんな作品が直木賞になったのかも不思議議である。もっとも、七四点の『レディージョーカー』も一体何が言いたいのかと疑問符がつかざるをえない。「グリコ・森永事件を題材としつつ、同和問題や総会屋などに切り込んだ姿勢には、敬意を払わざるをえない。なまなかな覚悟でできることでなく、作家としての強い使命感によりなされたものだろう」との評価だけのためで毎日出版文化賞をとったとも思えないが、事件自体は闇に包まれたままで、現代社会の混迷や不合理な世の中が結論ではたまったものではない。福田も「こうした松本清張的な、社会派的な題材は、本当に高村にふさわしいのか、という疑問が起きる」と述べているが、ミステリーとしては、読むに値しない駄作と言い切る勇気はないものの、読んで全く面白い作品でないことだけは間違いない。

ついでに、高村と同じく才媛であり、現代日本文学の一角を担っているといわれている宮部みゆきについても、ついでにケンカを売っておこう。（木村弁護士は何も言ってはいないけれど……）高村と同じく直木賞を受賞した『理由』だが、これもどうして、こんな作品が受賞したのか、その理由をこそまさに聞きたいものだ。松本清張の位置にもっとも近い？　といわれる作家にしては、平板で冗長、読んでいてイヤになってしまうのはどうしてか。扱っている内容は確かにマンションの立ち退きを巡ってのトラブルで、現代社会の家族のあり方などを問うてはいると思うのだが、登場人物ばかり多くて、事件の動機は全く見えず、現代社会の闇の提起だけでコトが片付けられてしまっては、ミステリーとして面白いわけがない。こんな作品に時間を浪費してしまった己のアホさにも呆れるわけだが、直木賞の選考もどうなっているのかとシロトながら考えざるをえない。福田の五八点の評価も妥当であろう。

福田も指摘しているように、清張と比較して特徴的なのは、動機の弱さであり、高村と同じく「動機の薄弱」という現代ミステリーの弱点を象徴している点では共通している。

この本では、ミステリー篇の続きとして横山秀夫の『半落ち』、映画『十二人の怒れる男』、姉小路祐の『司法改革』、レイモンド・チャンドラーの『長いお別れ』、森村誠一の『人間の証明』、更に松本清張の『黒革の手帖』、内田康夫の『死者の木霊』、ダン・ブラウンの『ダ・ヴィンチ・コード』、夏樹静子の『量刑』、エラリー・クイーンの『Xの悲劇』、横溝正史の『犬神家の一族』、アガサ・クリスティーの『そして誰もいなくなった』と『オリエント急行殺人事件』、薬丸岳の『天使のナイフ』、海道尊の『チーム・バチスタの栄光』、岡嶋二人の『99％の誘拐』、東野圭吾の『容疑者Xの献身』、宮部みゆきの『名もなき毒』まで全十九作品の紹介となっている。

読んだ作品（映画で観た作品）が少なかったので助かったわけだが、確かに同感するところ大であり、これらの作品は読まずに済ませることができることは時間の節約にはなる。木村弁護士も賛辞を送っている作品もある（ダン・ブラウンの『ダビンチ・コード』などは、確かに長編であるにも拘わらず、多少骨は折れたが……これは、キリスト教文化圏にいないものにとっては難解な面もあるが……重厚でありながらも破綻がない作品で絶賛に値する）が、やはり綻びが発見されてしまえば、ちょっと躊躇《ためら》ってしまう。とはいえ、一読者として挑戦して、まぁ、それほど酷くはないんじゃないと思える作品であることも発見したいという誘惑にかられないでもない……。

第二章　ホンの立ち話

カバーの名句……人間が自然から贈られたものでなく自らの精神の中で創り出した多くの世界のうちで、書物の世界は最大のものである。　ヘルマン・ヘッセ

（稲田堤・美松屋書店）

◆まえせつ◆

この章では、お気軽な読書コラムを並べてみた。

威儀を正して述べるような意見でもなければ、畏まって奥の部屋にでも入ってといった密談の類いでもない。強いて言えば、向こう三軒両隣、かしまし娘の井戸端会議とでもいったところか。ひとつの話（コラム）は「ホン」の二、三分で読める立ち話・軽口エッセイのようなものでもある。

勿論、「ホン」は「本」の意味でもあるから、本について書かれた軽口には、「なーるほど」と膝を打って、「ああ、そうだったのか、こりゃ、畏れ入谷の鬼子母神」と少しは得した気分になれるムダ話も入っている。

「人に本を勧めるなんて、考えただけでもイヤミだ。面白いのなら、黙って読んで、満足しておればいいじゃないか。頼まれもせぬ御節介は見苦しい。だいたい、本をたくさん読んだからといって別になにも偉いことはない。人より多量にタバコを吸ったからといって尊敬せねばならぬリクツがないのと同じだ」（谷沢永一『話すことあり・聞くことあり』）

立ち読み、大いに結構な本なのである。

定年後の読書

…勢古浩爾『定年後に読みたい文庫一〇〇冊』（草思社）…

確かに「定年」とか「停年退職」とは、うまいことを言ったもんだと思う。「御役御免」……充分かどうかはともかく、よく働きましたね、もう、これ以上仕事はしなくていいですよ、ゆっくりお休みくださいな、といったような意味合いだろう。古くなったんで、もう使い物にはなりませんや、と迄は言ってはいないような気はするが……。

ところが、である。今や、少子高齢化とかで、最低でも六十五歳までは、とか、働けるうちは、後期高齢者になる七十五歳くらいまでは、元気であれば、いや働くことでこそ、健康を保てるもので、是非、働くことに、いや、ボランティアでもいい、精を出して貰って……。どこかの政府が言っていそうだし、仕事の種類は限られるもののシルバー人材センターなんてのもある。

誰だって、働けるうちは働きたい……とは思っても、状況は各人によって変ってくる。六十歳を過ぎたからといって、急に性能がガクンと落ちるものでもないにしろ、現役と同じ仕事は与えては貰えないし、突如、病が襲ってくれば（その割合は急に高くなる）どうしようもない。何しろ肝心の年金が六十五歳までは出ないような仕組みを作ってしまったんだから、働きたくなくても、働かざるを得ない分けだ。働きたい人は働けばいい、などと言っておられる状況ではなくなっている。それに、国民の多くはろくに蓄えはないし、年金だけで食べていける状況にもないわけだから、働かざるを得なくなってはいる。今、普通に預貯金と年金で暮らしている人でも、ひとたび何か（災害や病気等）に見舞われれば、たちどころに老後破産になりかねない状況にあり、不安に日々を送るという程ではないにしろ、優雅に生活を続けていける人は、少数であろう。若い人はまだ、何かがあっても、何とかはやっていけるが、老人の場合は、そうはいかない。我が友人は、ボケ防止のために死ぬまで働くと、政府の喜びそうなことを言ってくれてはいるが、誰が雇ってくれるのかが問題である。生来が楽観主義者であるから、まぁ働くつもりであるくらいの感じで言っているのだろうと思う。

それにしても、こんな社会制度の欠陥を指摘しても仕方はないのだが、老後の心配が一切ないようであれば、僅かな退職金だって使えるのだが、そうでないため、いつまで経っても、蓄えを使うわけにはいかないのだ。ピケティも言ってるように、所得の再配分の見直し・大企業や金持ちに優遇しすぎた税制の見直しこそが、課題なのではあるまいか。

さて、繰り言はさておき、老人にとっては、金もかからずに愉しめるものは、そう多くはない。テレビもあるが、一日中、観るに値する番組をやっている分けでもないし、体に不調でもない限り、ボーッと日長、観ていれられるほどではない。能動的な活動をしたくもなる。当然だ。といって、パチンコに行くのには金がかかる。昼日中から酒を飲んでいるというのも金がかかる。ということは、金も、それほどかからずに、積極的にできることといえば、読書くらいしかない。本も高くなったとはいえ、まだ安いし、図書館を利用すれば只である。新聞も何紙も読めるし、映画もＤＶＤでかなり視聴することも可能だ。読書こそ、積極的に関わって充実したと感じることのできる娯楽はない。一冊読了するごとに、山を克服するような愉しみに通ずるものさえある。何しろ、脳細胞を働かさないわけにはいかない。筆者は、今では、体の衰え防止に朝夕で二時間のウォーキングとストレッチ、二～三時間の読書をしている。後は、病院通いに庭いじりや買い物（主に書店巡り）などの雑用だが、それも愉しからずやといったところか。とまれ、そんなに偉そうに言うことではなく、ほぼ、定年退職者で無職の皆さんであればやっていることで、時間的には、どちらも少なめなのかもしれないが……。

さて、そんな筆者に同じく「定年後のリアル」を過ごしている先輩がいて、有り難いことに本も著わしてくれている。そこで、そんな『定年後に読みたい文庫一〇〇冊』（勢古浩爾著・草思社刊）を読んだついでに、我が読書も語り、皆さんに供したいと思う。

この本では、文庫のみを取り上げるという方針らしく（この本自体も草思社文庫の一冊で）字も小さめで、読者対象を高齢者に考えているようだが、その割には、目が老眼になってきて活字を追うのに苦労している高齢者に相応しくない組版になっている。この本では今、読書を多くしているのは高齢者だと言っているのだが、それが本当なら、あと少しでも活字を大きくするなどの配慮があってしかるべきであろう。手に取ってはみたものの、元の場所に戻していく御仁は多分、内容というより、活字が小さいために諦めたのではなかろうかと案じたのではあるが。筆者も老眼に加えて加齢黄斑変性で、ものがゆがんで見えるため、老眼鏡の上にさらにハズキルーペをかけて読むといった状況で、大活字本が今では一番助かっている。行数も十六行にすれば、中央が隠れて見えずらいということもなくなる。文庫も、ちょっとした配慮で、読みやすくなるのではなかろうか。と、元編集者としては思う。それより、書き下ろしなのに文庫で出さなければならないことがあったのであろうか。確かに五百頁を越える単行本ともなれば、千円以内という分けにはいかず、二千円はオーバーしそうで、となれば、そこまで出して、と二の足を踏む御仁もいないともかぎらないわけで、難しい選択であったのだろうが……。

前置きで、かなりの頁を費やしてしまったが、この本では項目立てしてある本（文庫）だけで百冊であって、実際はそれ以上の紹介をしている。尤も、本のタイトルだけを並べ立てられて読書量を誇られても困るわけだが……。百冊取り上げた文庫は内容のいいもので、それ以外に出来の悪いものの紹介もしてくれて、どこがイマイチなのかという点をズバリと指摘しているところは、この作者（勢古）の特徴で、共感することができる。

特に、若者向けの文庫には筆誅を喰らわしているが、それも当然で、こちらが歳をとっているということは、今更、朝井リョウの「桐島、部活やめるってよ」などというものが、まともな神経で読めるわけがない。それにしても、こんなものが「すばる新人賞」とは、確かにお笑いぐさだ。選考委員という輩が如何に当てにならないかを如実に示した作品といえる。ついでに窪美澄の「ふがいない僕は空を見た」というのも、なんやねんというシロモノだ。本屋大賞ってなものはヤングを対象にしているのかどうかはともかく、全く信用のおけるものではないが、山本周五郎賞も受賞と聞いて、開いた口がふさがらなくなった。勢古も作家の重松清の選考委員評に「わたしには嘘八百にしか聞こえない。選ぶほうも、選ばれるほうも、いんちきくさい〈文学村〉の共犯関係の世界で生きているんだなあ、という思いが消しがたい」と述べているが、さもありなん。こんな小説が、それこそ、賞の価値を低からしめている作品と言わざるを得ないような気がするのは、勢古や筆者だけではありますまい。森見登美彦の「夜は短し歩けよ乙女」も本屋大賞と山本周五郎賞を受賞したというのだが、こんな作品に若者が本当に熱狂したのかどうか、勢古の読んだところによれば、筆者も同様になじめないと言わざるをえない。面白くもクソもない。感受性や価値観の違いなのかはともかく、若い連中の作品にはどうしても、共感できるような作品がない、という点には同感である。但し、伊坂幸太郎の「重力ピエロ」は、つまらなそうだという期待を見事に裏切った唯一の傑作だという。筆者はまだ、読んではないので何とも言えないが、読んでみる価値が少しはありそうで、こういった紹介をしてくれるのは有り難い。とまれ、第九章の「さまざまな理由による番外編」には、若手ばかりではなく、様々な作家が登場して、翻訳ものの紹介もあるが、どれも、イマイチ、がっかりさせられるものばかりで、百冊の中から外さざるを得なかったらしい。確かに他の章に比べると格段とレベルの違い（低さ）を感じざるを得ないのは事実。

「やはり「文学」がおかしい」というタイトル通りだった気がする。確かに、政治の劣化と同様に文学の劣化もかなり進み始めているような気がして日本の将来を案じないわけにはいかない。

第十章は「別格の九作品」で、先の九章とは比較にならないほどの面白さと内容の深さがあるものばかり。まさに「月とすっぽん」なのだ。平成二十八年度の大河ドラマ「真田丸」は興味尽きないものがあるが、池波正太郎の「真田太平記」の圧巻には共感できる。筆者も勢古に同じく喰わず嫌いの傾向があったが、これには、本当に参った。全十二冊の長編でありながら、一気呵成に読めるのだから。NHKの放映で真田ブームが起きそうだが、是非、一読をお勧めしたい。勢古に言わせれば、娯楽小説の域を超えた世界に冠たる名作よりもはるかに上であると。同様に北方謙三の「三国志」（全十四冊）、大西巨人の「神聖喜劇」（全五冊）、高木俊朗の「陸軍特別攻撃隊」（全三冊）をはじめ全九作。どれもが圧巻の迫力で、さすがと思わせられる作品ばかり。決して、勢古好みの「わたしだけの『別格』」ではない。ともかく、物語の構成、展開、人物造形や知識、文章の密度において圧倒されっぱなしである、とのこと。

筆者が読んだものとかなり共通する書目（といっても半分くらい）が見られるのは、第五章の戦記物と六章のミステリー小説くらいで、時代小説やノンジャンルとして項目立てされた作品には、共通するものは殆どなかった。というより、これだけ本が氾濫していれば、同じ本を読んだというような体験を共有するようなことは、不可能であるように思う。年齢も趣味も違えば、それまでの読書歴や嗜好の問題もある。筆者も宇宙や似非科学的な書物には目がないものの、それはあくまで人文系のものであって、理系の読書とは根本的に異なる。致し方あるまい。

まずは、第五章の「戦記物」であるが、筆者は、十代の頃からもう、かなりのめり込んでいた。当時は、戦後十年余であったから、まだ戦争の爪痕が至る所に残っていて、街には傷痍軍人もいたし、バラックの建物も多く、河原乞食も多くいた。が、当時のサンデーやマガジンの週刊誌や月刊漫画誌の表紙や特集は、小笠原茂をはじめとした画家・イラストレーターらによる迫力ある画と小山内宏の解説による零戦や大和で、知らぬ間に戦記物の虜になっていた。近所に母方の絵の巧い叔父がいて、いつも会えば詳しい戦艦を描いてくれたことを昨日のことのように想い出す。堀越二郎技師やエースパイロットの坂井三郎らの活躍を識ったのもその頃の特集頁から。戦争映画も流行っていて、東映、大映、東宝、日活、松竹と各社とも昭和三十〜四十年代にかけて次々に特撮を交えた大作を発表した。とはいえ、十代の頃に夢中になっていたものでも、歳と共に関心となる対象は変化する。かつては、どちらかと言えば、戦略・戦術ものや名将らの指揮官振りに興味があった。阿川弘之の『山本五十六』や『米内光政』『井上成美』、大岡昇平の『野火』『俘虜記』『レイテ戦記』、新田次郎の『八甲田山死の彷徨』、会田勇次の『アーロン収容所』、角田房子の『いっさい夢にござ候—本間雅晴中将伝』『責任　ラバウルの将軍今村均』などをはじめ有名どころの作品は勢古と重複するものもないでもないが、それ以外は、筆者の読んだものとの嗜好の違いもあってか、読んだことのない多くの書目も並んでいて、いかにこの分野もまだまだ沢山の書物が存在することが分かる。

とはいえ、戦後七十年で夥しく発行された書物も多く、玉石混淆はあるにしろ、これからも目が離せない分野ではある。余命何ヶ月と宣告こそされてはいないが、「死」というものを考えずにはいられない世代に突入したことで、より一層、この手の本が切実になってきたことだけは確かである。（既に十歳も年下の後輩の何人かは脳梗塞や癌で命を落としはじめだしてもいる)。

筆者も、「戦記物」については何編かのコラムを第一章に書かせていただいた。そちらも併せてお読み頂ければばと思う。

吉田満については、『戦艦大和ノ最期』『提督伊藤整一の生涯』などは読んでいたのだが(吉田が、最も書きたかったのは伊藤整一中将とのこと)、勢古は『鎮魂戦艦大和』(講談社文庫)を押している。これには、上巻で艦内士官室(ガンルーム)での激論から乱闘になった騒ぎを収めた哨戒長「臼淵大尉の場合　進歩への願い」と日系二世の特信班員・太田孝一を描いた「祖国と敵国の間」が収録されているからだと。むべなるかな。特攻の本でも神坂次郎の『今日われ生きてあり』や高木俊朗の『特攻基地知覧』、豊田正義の『妻と飛んだ特攻兵　八・一九満州、最後の特攻』などは筆者にとっても、忘れがたい作品である。読みながら、涙が止まらなくなる。この本には取り上げられていないが、『きけわだつみの声』『群青』『とこしえに』『女子勤労奉仕隊員の記録』『海軍主計大尉・小泉信吉』『深海の使者』などなど、特攻で死を選んでいったものたちの叫びや苦痛もさることながら、命令する方にも責任、苦悩があることを知れば、この恐ろしい「戦争」がいかにどうしようもない怪物であるかが、分かる。今のところ日本人にとっては、「死」と向き合うのは病であり、事故である。そのときに、自らは死しても、命のバトンを子孫に繋げるのだからと観念し、本望とすることができるか、その覚悟が問われてもいるような気がしてならない。外国の戦記物ではヒトラー関連の文献は（洋書も含めれば）かなりの冊数を読んだ。幼少期から青年期にかけての不遇の時代から、水を得た魚のように活躍し始める時期に興味がいったのだが、やはり謎で、狂気の天才が時と所を得たということか。

戦記に多くの行数を割きすぎたが、第六章は「ミステリー小説」になっている。戦後の少年達の定番（乱歩・ドイル・ルブランら）を少年期に読んできた経緯は、ある意味では筆者も同じ。但し、こちらは、中高生の頃は小説にはあまり興味がなく、プラモから鉄道模型やラジコン、アマチュア無線、高校の後半からはジャズに興味がいって、SFも少し囓った程度。エラリー・クイーンは大学生になってからだし、清張は勤めだしてから夢中になった。（それでさえ、四、五年程度で大方読み尽くしてしまうとパターンが分ってしまい面白くなくなった）とはいえ、「刑事コロンボ」には嵌まった。日本のドラマには全くない新機軸だった。倒叙型で犯人が分っているので、それを追い詰めるあの手この手に興味尽きないものがあった。二見書房のノベライズ化したものも読んだが、テレビの方に軍配を上げざるを得ない。

また、大学での専攻が社会学だったこともあって、毎日新聞連載の石川喬司の「IFの世界」などが話題となって、（仲間にSFのセミプロもいて）星や小松、筒井は、かなり読んだし、安部公房のシュールな作品も好きだった。平井和正、豊田有恒、山野浩一、栗本薫、外国作家では、H・G・ウェルズこそ読んだが、あとは、スペオペが嫌いなため、S・レムとかJ・G・バラードのインナースペースものなどに興味がいった。

さらに、ショートには嵌まって同人誌（ファンジン）まで主宰するようになったのだから、かなりのSFオタクになっていたのかもしれない。ということで、ミステリーについては、勢古の紹介を頼りにした方がよさそうだ。SFにしろミステリーにしろ、それぞれマニアや専門家が多くいる分野ではあるが、その評価はシロトには何とも言えない。年度ごとに「本年度の最高傑作」とか「衝撃のラスト」「想像もつかない結末」などと言う常套句が飛び出す世界らしいが、その割には、いつもがっかりの内容でしかない。「バカミス」と言う言葉もあるように、それほどでもないのが、ミステリーの世界のようだ。才媛の誉れ高い宮部や高村も読んだが、ちょっと、がっかりの印象しか持たなかったのは、こちらが興味を失っているせいか。

第七章は「旅と山と」になっているが、これも、山書派である筆者とは異なっている。勢古のお気に入りの『深夜特急』の沢木耕太郎は好きではないので読まないが、やむを得まい。旅番組も見ないこともないが、食べ歩きや路線バス、散歩番組などもイマイチ面白くない。しょうもないタレントに嫌気がさして見なくなったと勢古も言っているが、筆者も似たような感じだ。こんな番組が多くなったのも老人が増えたせいか。こちらは、中年期より登山を始めた奥手だが、一時は北八や南アルプスを跋渉したので、どうしても、旅の本には、あまり興味が向かず、山岳書の方に関心は向いていってしまう。「日本百名山」（ＮＨＫ）も衛星放送でやっていた頃の相川アナの深田久弥の名文が語られるところに深い共感を覚えた。一人旅という点では、野口悠紀雄の『超・旅行法』くらいしか印象に残っていない。父親は、時に県外出張に出掛けることがあったが（といっても、年に三、四回）、野口に同じく、それこそ仕事を早く終えて休暇をうまくとっては、必ずその地方の名所旧跡やうまいものを食べて帰ってきた。母は、これだから出張旅費がいつもマイナスになってしまうとこぼしていたが、うまい方法で、これは筆者も海外での研修や出張の時には、休みを利用しては足を少し延ばして愉しんだ。旅にしろ登山にしろ、本（文庫）を持って行く。景色を眺めたり、険しい道を上っていったりするときには不要だが、ひと息ついてコーヒーでも飲むとき、傍らに本があるといい。夜、寝る前のひととき、フロリダの高層ホテルからメキシコ湾を眺めながら、翌年の大河ドラマになる『新撰組血風録』の文庫を読んだことを懐かしく想い出す。山の本は、深田に一番惹かれたが、それ以外にも、エッセイや紀行文（小林秀雄や串田孫一など）を割合と読んだ。とはいえ、山書も奥は深く、ほんのさわりと言った方が良さそうだ。論説や研究、随想、紀行、技術・案内や画文・写真集、翻訳・洋書の類いまで入れれば、これだけで百冊以上になってしまう。

その意味からも、第二章と三章で「ノン・ジャンル」という項を設けたのは、正解である。本には様々な分野があり、とても一つの枠に収まるきれるような本ばかりではないからだ。加えて、面白そうだな思えるジャンルが少なくなり、関心の幅が狭くなってきたのも、年寄りの顕著な傾向か、と。筆者も同様。

どの分野にしろ、日々、発行されていく夥しい数の本を目にするとき、かつてはクラクラッとするようなことがあったが、今はそのようなことはない。平積みの本を見ても、チラッと眺めるだけで、くだらない本がまた出たか、と思うくらいである。それほどに興味関心をそそられる本が出なくなったのか、こちらにワクワク感がなくなってしまったのか。(多分、後者だろう。歳には勝てないということだ)

この文庫には、勢古の選んだ百冊の紹介であって、当人も言っているように、「文学」は読まないし、恋愛小説はごめんだし、歴史も宇宙も建築も哲学、思想、政治、経済、社会学、心理学……も一切入っていない。「古典」や「名著」を入れるといったようなこともしていないと。そんな名作案内や教養全集のような本は、ごまんと出ているし、決して面白いシロモノではないのも確か。提灯持ちのようなフレーズばかりが並んだ紹介こそ、正に迷惑でしかない。「こんな本（文庫）は面白くもない」と、筆誅を喰らわせてくれる本こそが欲しいのだ。ベストセラーもイカンとするモノが多いのだが、大規模な宣伝とマスコミに力を言わせた販売戦略によってのし上がったに過ぎないシロモノが多いのではないか。少部数の自費出版や旧刊の古書のなかに、お宝を発見したことのない人がいないように、自分の目をこそ見開いて行かねば損をすることになってしまう。

勢古も言っているが、各自が自分の百冊なり千冊なりを見出していくことこそが大切ではないのかと。むべなるかなと納得のお言葉である。

山書を愉しむ

山登りの愉しさを覚え始めたのは、二〇〇〇ｍを越える山に登ってからであったようだ。小学校のときは、近くの愛宕山とか夢見山とかには毎週のようによく登ったし、中学校のときには入笠山に登ったことは覚えている。が、特に、それで登山に目覚めるというようなことはなかった。大学時代は下宿に早稲田と立教の山岳部、ワンゲル部がいて、中野や高円寺をよく一緒に飲み歩くことはしたが、これまた登山に目覚めることはなかった。何よりの喰わず嫌いであったことが影響しているのかもしれない。スキーについても同じ。やってみれば、こんなに愉快な遊びもないのに、始めるのにはかなりの時間を要した。山と違ってスキーは若干、技術的な習得が必要だったことが影響しているのかもしれない。とまれ、本当にもったいないことをしたものだと思った。

最初は半分、仕事だったので、致し方ないと諦めて登り始めたのがきっかけだった。ところが、いざ登山をしてみると、頂上に立った時の素晴らしさ……それがたとえ雲や霧に覆われていようと、やり遂げたという達成感、この山を征服したという満足感に浸った時、心は十二分に満たされた。勿論、晴れていれば、その喜びは倍加することはいうまでもない。霧が晴れて雲海を下に見たときの素晴らしさは、まさに登った人にしか分からない感動である。

きっかけは、北八ヶ岳登山という学校行事であった。一泊二日で天狗岳に登って下りてくる行程。初日は、バスから下りて、苔むした倒木に覆われた原生林のなかを少し歩いていき、宿に着く。白駒荘か青苔荘のどちらかに泊まるのだが、どちらの小屋も快適だった。到着してしばらく休み、小屋の主人や女将さんと世間話をする。それから、白駒池の周辺を歩く。雑音が一切ない。静寂な佇まいの池が落ち着かせてくれる。生徒を連れてきているので、時折、女生徒の黄色い声が微かに響いてくる程度。それも、ここでは静寂が包み込んでしまう。勿論、一人で、時に仲間と来るような場合には、木々の葉がそよぐ音さえも大きく聞こえる。野鳥の鳴き声がそれに彩りを添えてくれる。

夕食を済ませて、ひんやりした冷気の漂う中、小屋のベランダで主人の入れてくれた深煎りのコーヒーを飲むのが、これが至福の時、最高に美味、贅沢なのだ。頂上近くでコッヘルで湧かして飲むコーヒーも格別だが、山に入らなければ、この味わいは下界では絶対に得られないものだ。学年職員で明日の登山の時程、コース、休憩場所等の確認を済ませ、打ち合わせを終えれば、また一人の時間になる。哲学したくなるのに時間はかからない。山には、人間を深く掘ってくれる何ものかが存在する。いつも、ザックにどんな文庫本を忍ばせていこうかと苦慮するのも、事前準備の愉しみのひとつだ。テレビを見ないのが、どれだけ人間を賢くしてくれるのかは、たったの二日間だけでも痛感できる。

二日目は、朝の四時に起床する。そして五時には出発する。朝、握りたてのおにぎりを入れて……途中、黒百合ヒュッテを経由して中山峠までに着くのが結構な道のりである。ここまでで二時間余。ここで一休みして、朝食を摂る。宿で作ってもらったお握りを頬張る。若干寒いが、ポットのお茶の温かみを感じて、冷えた体に体温が戻る。休憩後出発。へばりがちな生徒も出てきそうになる。頂上はまだかと。天狗岳に到着するまでは、息が切れて、まだなのかまだなのかと何度も思う。初めてでなくとも、そう思うのだから、生徒にとっては無理もない。それでも、何とか十時過ぎには登頂。二六四六mの頂に立った時の生徒の顔は清々しい。日常では見たことのない顔をしている。ガタガタと寒さに震えながらも、霧の微か遠くに見える景色を眺める。七月といえども、頂上は寒い。六月の下見の時は雪が六、七十センチ、腰の近くまであったことを思い出す。

帰りのコースは、高見石小屋に寄って、一休み。ここからの白駒池は全景が見えて感動的ですらある。上りに比べれば下りは楽だが、急な斜面が多い分、足を捻挫しやすい。相当に足腰にガタもきているから怪我をする確率は高くなる。油断大敵なのである。が、山小屋に辿り着いたときの感激はひとしお。疲れている体に暖かいカレーの味は堪えられない。下見のときは、別メニューで、このときの白駒荘のわかめラーメンの味はまた格別なのだが。大島亮吉の「山では何をたべてもうまい。碧空と微風との甘味さえあれば」を思い出す。

こんなふうに生徒を引率して登ることから、登山の魅力に取り憑かれ、それからは、赤岳、硫黄岳、茶臼岳、横岳、蓼科山と北八ヶ岳を跋渉した。深田久弥の『日本百名山』を手元において、次はどこに登ろうかと思案したものだった。当時は、まだ三十代とはいえ、登山を始めるにはかなりの奥手といえた。

それにしても、山は登った後にも愉しませてくれる。山書、正確には山岳書というらしいが、それらを紐解いて読み始めれば、既に山中にいるような錯覚に陥ることさえある。味わいのある文章、しかも自分が登った山であれば共感しないわけにはいかない。登山を始めてから、そんな山書に惹かれるまでに時間はそうかからなかった。勿論、山岳随筆の名著である『日本百名山』で「山を読む」喜びを見出したのがきっかけになったことは言うまでもない。

ところで、深田の百名山選定の基準は「(山の)品格・歴史・個性」であるという。詳細は省くが、これを基準に多くの登山家はこれらの山に憧れ、挑戦した。また、一九九四年にNHKの衛星テレビで始まった「日本百名山」は、語りの相川浩アナウンサーの名調子もあってか、その虜になってしまった。永久保存版ともいえる番組である。テーマ曲もさることながら、それぞれの山についての深田の名文が最後に語られ、「百の頂に百の喜びあり」という名文句とが結びついて、脳裡から離れられないものとなった。未だに、この最高のスタッフが製作した番組を超える登山、山旅のそれを知らない。

ここに、深田の名を高らしめた随筆の名文たる所以が存在するのだ。

閑話休題。深田は「山の本」についてうまいことを言っている。（『山のさまざま』・五月書房より）

「われわれ山岳愛好者は、山登りを他の一般スポーツと同一視されたくない気持ちがある。神経と筋肉の競技とは違った、もっと精神的なものが、山には含まれている。……陸上競技や水泳や野球に、山の本ほどたくさんの書物が……しかも……古典として百年の生命を保ち、豪華な装幀をもって装われ、蔵書家がその稀覯本を宝のように珍蔵する、といったようなことがあるだろうか」と。続けて「……山に登らなくても、歩くことが好きで、山について読みまたは思索することが好きな人は、誰でも山岳人と言うのである」「年老いて足が利かなくなっても、なおわれわれは書物によって山を娯しむことが出来るのである。こんなことが他の趣味にあるだろうか」と。むべなるかな。やはり、岳人と山書は分ちがたく結びついて存在するのである。

山書と一口に言っても様々で、随筆や紀行もあれば、ちょっとお堅い調査・研究の論文、評伝、冒険・探検（史）、画集や写真集、洋書や翻訳、さらにガイドブックの類いまでそれこそ多岐にわたる。また、『山と渓谷』とか『岳人』のような雑誌には、それらの要望に適切に応えるための特集を毎月組んでくれて、山好き・本好きには有り難い存在である。

とまれ、その奥深さは、計り知れない。

深田の名文に魅せられた筆者は、その虜になって深田作品の蒐集をはじめた。深田はもともとが文筆家であり、「鎌倉夫人」や「親友」のような小説を書いたことを知らない人も多い。が、それもそのはずで、山書以外を書店で見つけることはできない。というより、文庫になった『日本百名山』でさえ大型書店でも行かなければ置いてはない。登山のコーナーにあるのは、ガイドブックや技術書の類いばかり。こういったときに頼りになるのが、山書を専門に扱う古書店（阿佐ヶ谷の穂高書房、神田の悠久堂など）で、一般の古本屋やブックオフにはない。（が、稀にお宝的山書を発見しないこともないから、古本屋巡りはやめられないのではあるが……）

ともかく、一人の作家、登山者の書いた作品に波長が合うのを感じたら、その著者のものを徹底的に読み込むことが肝要だ。深田は鎌倉に住むようになってからは、多くの文士と交流があった。特に興味惹かれるのは小林秀雄との交流で、小林は何度も山に連れて行ってもらったようだ。「山」という題の小品では「山は好きだが、のぼせる程でもない。山に行く時は大抵深田久弥と一緒だ。一緒だといふのは、つまり連れて行って貰ふのである」と書きまた、「彼と山に行く時は、こっちは一切頭を使わなくてすむ。言わば鎌倉から案内をつけて行くようなものである」と続けている。そのなかで小林が中三の時のはじめての登山の思い出……雲取山から三峯に出掛けたまでは良かったのだが、リイダアが道を間違えて、危うく……といった苦い体験を開陳している。とまれ、二人は山好きで、いかに親密であったかがわかる。親友である小林が『山』という雑誌に昭和九年に書いた文章も何とも言えない味わいがある。「カヤの平」という題で、深田と信州の発哺（ホッポ）に出掛けたときのことが書いてある。雪が降って思うように仕事が手に附かず、そこで二人でスキーに出掛けるのであるが……。二人の無茶な山スキーの様子が見て取れて、これまたとても面白い紀行になっている。

筆者は深田の『日本百名山』がきっかけで、また山梨という山に囲まれているところに居を構えていたことから、南アルプスの甲斐駒ヶ岳、地蔵岳、仙丈ヶ岳、北岳、間ノ岳、農鳥岳と跋渉する喜びも得た。また、多くの登山家も知り、また名著に出会うことができた。深田の『山の文学全集』（全十二巻・朝日新聞社）をはじめ、志賀重昂の『日本風景論』、高頭式の『日本山嶽史』、小島烏水の『日本アルプス』、田部重治の『日本アルプスと秩父巡礼』、大島亮吉の『山ー研究と随想』など大修館より「日本の山岳名著」全十八点二十二冊（別巻として木暮理太郎の「山の憶ひ出」増補版全二巻付）として覆刻されたものがあるが、とても、全部を読んだわけではない。というより、かなり専門的な論考もあって、その方面に関心のある方はともかくとして、こちらとしては、作家・評論家諸氏である先の（深田はもとより）小林をはじめとして、串田孫一の『若き日の山』、『山のパンセ』、野尻抱影の『山で見た星』、桑原武夫の『登山の文化史』、柳田國男の『山の人生』

などの方が、惹かれるところ大であった。

今は、さすがに登山することもないが（低山歩きはまた別の愉しみではあるが）、富士や南アルプス等を眺め、山書を時に紐解きつつ、かつて登ったときを回想し、コーヒーをすることに無上の愉しみとしている日々を送っている。

最後に大森久雄の『本のある山旅』表紙見返しの言葉より……

「山を歩く時の、それも特にひとりで歩く時の道づれは……。私にとって、それは本である。まことに、本は最高最良の山仲間のひとりである」

ブラタモリ・散歩・地理事典

定年退職してからの仕事がフリーライターとなってみれば、外出も少なくならざるを得ない。これまでのように日々、定時に起きて定刻に出勤して、不規則な時間に帰宅するという労働時間からは解放されたわけだが、その分、頭脳や肉体を酷使するようなこともなくなった。また、フリーになったということは、当然、収入も（僅かばかりの公的年金以外は）ない訳で、以前のようにアルバイトの原稿料で得た僅か二、三万の金額でも、それを小遣いにして本や資料を購入したり、酒代にしたりするようなことは、もはや許されなくなったとさえいえる（が、以前同様に自分の趣味に殆ど使わせてもらってはいる）。

ともかく、自宅が仕事場では、歩数が稼げる訳がない。以前、職場に勤務していた頃の半分にも満たない。考えてみれば、仕事に従事していたということは、ただ単に収入を得るだけではなく、健康などについても自ら気をつけたり、労働力に穴があかないようにと定期の健康診断や人間ドック等でトータルに面倒を見ていただいたりと（ストレスやトラブルさえもが健康に寄与して）病気にならずに済んだともいえる。自分の興味関心とは全く相容れない関係のない労働でも、賃金を得る以上のもの（働きがい？）があったといえるのかも知れない。

話が早くも脱線しそうだが、歩かなくなったということは、当然のごとくに脚から衰えてきて体力もなくなり、病気にかかりやすくなるわけで、散歩などすることが必要になってくる。そこで、自然の摂理として早く目覚めることができるようになってきたことを利用、早朝にウォーキングに出かけることにした。散歩に出てみれば、こんな田舎にも老人が多いことに驚かされるし、土日には若い連中もいて、さらにペットと散歩を楽しんでいる人達にもお目にかかる。

テレビ番組でも、高齢者が増えてきたのに合わせるかのように、二〇〇六年のテレビ朝日の「ちい散歩」（地井武男）が火付け役になって以来、散歩や旅（路線バス）等の番組が増えてきた。多くは、東京近郊の観光地を中心に、甘味処や食事処、または家族をタレントが突然に押しかけて喋ったり、食べまくったりというのが殆どで、足腰が弱った痴呆老人（予備軍）が口を開けて観るのにはうってつけの番組であるらしく、視聴率もまぁまぁらしい。

この国では若者ばかりか後期高齢者までもが、阿呆化しかけていて幸せを享受している。喜ばしい限りの現象ではなかろうか。

そんな中で、坂道好きで鉄道マニアでもあるタモリの「ブラタモリ」（ＮＨＫ）だけは、一線を画している。まず、寄り道はしても食べ物屋に寄らないのがいい。その場所の専門家にご登場願っての地域探索は奥が深い。地区住民でさえ知らないようなことまでを古地図、古資料、古写真をもとに歴史の痕跡を捕まえて、そこから推測し、空想を逞しくする。散歩だが、口を開けてボーと涎を垂れ流して無目的に歩くのとは訳が違い、観る者にも地図用語（といっても高校生レベルだが）を確認、建造物や寺社、道（坂道）や河川、橋や鉄道（駅）などを専門家に突っ込みを入れ、またある程度の緊張を視聴者にも強いているのがいい。

その「ブラタモリ」だが、第一クールは、二〇〇九年に始まり木曜の午後一〇時からレギュラー化したらしい。筆者は第二クールの二〇一〇年頃より見始めた気がするが、マニアだけでなく一般にも人気沸騰してきて仲間内でも話題にもなった。第三クール、二〇一二年終了後には続編を望む声に押されて、（またタモリも「笑っていいとも」が終了したこともあって）東京（近郊）から全国各地へ脚を伸ばせるようにもなった。パイロット版としてまず「京都」が放送され、以降「長崎」「金沢」「鎌倉」「函館」「川越」「奈良」「仙台」と各場所を探訪し、二回で放映するパターンになっている。

こういった番組があると、ただ地域を散歩するだけでも、道祖神に目をやり看板にも目が行く。古地図片手に遠くまで散策する小旅行もまたしたくなる。番組の中で出てくる用語にチェックをいれるのも愉しい。かつて竹内均教授だったと思うが、手元には高校生向けの「三省堂・地理事典」を置いていつもすぐに確かめるようにしていると聞いた。筆者の場合は、今でも高校時代から愛用している「旺文社・地理事典」で確認している。実際、三省堂のものは参考書形式に近く（二色刷で）図が載っているが、旺文社のもの（一九六八年版）は完全五十音順の小項目形式で、写真や図も大項目としては載っているが、殆どは小項目・文で用語を理解させる工夫がなされているのが特徴で、九二年の改訂版にも踏襲されている。タモリの好きな高低差や崖、土手などや暗渠、河岸段丘とか、砂州、砂嘴、陸繋島といった紛らわしい用語を事典や地図帳を傍らに置いて確認してみると愉しみは倍加する。阿呆化しかけている自らでも、朝夕のウォーキングだけは工夫を凝らして（朝はラジオ、夕刻はテープを聞きながら）聞く愉しみを味わいつつ、たまにはコースも替えて新たな発見をすることで、散歩を足腰の衰えを防ぐ以上の愉しみとしている。そして、タモリを観ながら辞書を引き、地図帳を繰る愉しみや読書癖くらいは存分に味わいたいと思っている。それが自由な時間を持てるようになった退職者の特権であり、そこからネタができれば、一石二鳥。金にはならないフリーライターも悪くはないと思っている。

鉄道趣味の世界

…小島英俊『「世界の鉄道」趣味の研究』（近代文芸社）…

マニアという程ではなくても、鉄道に興味関心を抱いている人は、かなり多いのではなかろうか。特に、鉄子さんなる女性陣の進出は鉄道を趣味に持つ人々に華を添えることにもなった。とはいえ、最近は鉄道ファンもエスカレートしてきて、マナー違反が目立つようにもなり始めた。撮り鉄が、線路の中に入ったり、ホームから降りたりして写真撮影をするなど、正に常軌を逸した行為が取り上げられるようになった。これは、本物のマニアサイドからすれば迷惑至極の存在なのではあろうが、急激に増加しつつある世界では、どこでも起こりかねないことでもあろう。

さて、ひとくちに鉄道趣味といっても、その世界は限りなく広く、また奥深い。筆者も鉄道ファンの端くれと自認はするものの、広く浅い興味関心では、どの分類に当てはまるのやらと戸惑ってしまうのも事実である。例えば、乗り鉄といっても、蒸気機関車（ＳＬ）もあれば、ローカル線、廃線、トンネルや橋梁、ＪＲ（国鉄）、私鉄の中では地下鉄や路面電車、ケーブルカーなどもあるし、撮り鉄とダブルが駅舎、秘境駅、風景と鉄道、夜行の寝台列車もある。模型の世界もハラモ（原鉄道模型ミュージアム）のような世界的な鉄道模型コレクターともなれば、常軌を逸するどころではなく、熱意がいくらあっても潤沢な資本金に運と偶然などに寄らなければとてもできるシロモノではない。プラレールにはじまり、Nゲージや HOゲージ、レイアウトから車両改造まできりがない。収集や研究の分野も広く時刻表や鉄道雑誌や本、DVD、切符、駅弁（掛け紙）、走行音、グッズやコスプレ、車両となるとそれこそ、これもまたきりはないだろう。どの分野でも、専門的なマニアやコレクターがいて、驚かされる事が多いが、特にこの世界では顕著であるといえよう。さらに、国内だけにとどまらず海外にも目を転ずれば、興味尽きない世界は恐ろしく無限ともいえそうである。

さて、筆者も鉄道とのささやかな営みなどもないわけではないし、長年生きてきた証に鉄道とは大いに関わってはいるのだが、ここに記すには余りにも貧弱でしかない。

この『「世界の鉄道」趣味の研究』の著者である小島英俊も、かなりの鉄道好きではあるようなのだが……「はじめに」から引用したい。

少年の頃、鉄道ファンであった私も大学時代は関心が多事雑念に向かい、社会人になってからは日々の雑事に追われ三十年も経って了った。しかしながら鉄道への潜在的関心は決して衰えた訳ではなく折りに触れ、又思い出したように鉄道本を読んだり、外国では多少意識して鉄道に乗ってみたり終着駅に佇んだり、模型を若干集めてみたりして鉄道趣味を細く長く続けている。

そんな中、昨年ロンドンで「THE WORLDS FASTEST TRAINS」と云う世界的最速列車とか高速テストランの歴史を纏めた英語本を買い求めた処面白く一気に読み通して了った。

仕事柄、英語には多少慣れているので「よし！　この翻訳をしてみよう」と勇み立ち二～三の出版社に御相談したが「営業的に難しい」とのお断りを頂いた。年甲斐もなくへこたれない私の心の中ではこの翻訳意欲が分不相応な著作意欲に転化して火が付いて了った。さりとて鉄道に関してここは絶対に強いと云う決め球はないから何かをズームアップはできないけれど鉄道をずっと広角レンズで覗いてきた筈だし長い間に多少はユニークな見方も身に付いているかも知れないと著作意欲を何とか正当化して了った。

従って本書は怕れ多くも世界の鉄道の全般を対象としつつ雑学風、趣味風にそれでも単なるエッセイよりは若干系統だてて書いたつもりである。目次で御案内の中では〈第一章〉僕の鉄道趣味遍歴、〈第二章〉僕の乗車体験、〈第六章〉駅、〈第七章〉鉄道模型は、事柄上、主観的、感覚的であり〈第四章〉世界の豪華列車、〈第五章〉鉄道のスピード、〈第八章〉鉄道に関する本・雑誌は、ある程度客観的、実証的である。

第一章、第二章を読んで感じるのは、鉄道ファンの来し方を自分史的に実生活に即して書いてある点である。著者の小島英俊は「鉄道という物体だけよりも鉄道を包む背景となっている時代、場所、文化……と云った「ころも付き」で好き」なのだと云う。鉄道全体に漠然と魅力を感じ関心を抱いているタイプであり、マニアからすれば物足りず、一般人からすれば鉄道オタク的でついてはいけないとなってしまう。が、筆者のような鉄道などにも広く浅く興味を持っている者には、共感のできるところも多く、新たなる発見もあって読んで得した本にはなった。営業的には……と出版を断った編集長は部数が捌けず売れ筋にはならないと判断したのであろうが、だからといって、これを本にしなければ、筆者のような中間層を逃すことにもなりかねない。また、シロトの趣味人としての典型を本書の至る所で垣間見せてくれたわけで、その生き方などは大いに参考になるところ大であり、この本がきっかけで鉄道の魔力にとりつかれないとも限らないのである。コマーシャルベースにのらない本でも、このような半商業出版で出すことの意味は大いにあると断言しよう。

秘密結社・フリーメーソンリーのことなど

現在（二十一世紀初頭）のフリーメーソンの状況は、次の様であるらしい。「フリーメーソンは世界征服を狙う秘密の陰謀組織だ……と思い込んでいる人がいる。だが今のメイソンにはそんなことをやる気はないし、そもそもできる力もない。メンバーの減少と高齢化に頭を抱えている高齢者組織、入会すると漏れなく秘密の握手がついてくる儀式好きの大人達の友好団体……」なのだそうだ。（皆神龍太郎『都市伝説・完全読本』）

大体、そのようなものだろうと思ってはいたのだが、「秘密結社」に関心をそもそも抱いたのは、山下武の「戦前・戦中の秘密結社文献」（『書斎の憂愁』所収）という文章に接したからであった。また、その山下自身の興味も、実は昭和十六年・内外書房刊の『日本に現存するフリーメーソンリー』なる本……威儀を正し、ボール紙細工の仮面をつけた黒服の男たちが居並ぶ怪奇な写真……に接したからであったという。当時は、マッソン結社とかいう謬まった名で呼ばれ、ユダヤ人の国際的陰謀団と同一視もされていたらしいというのだ。が、建築業者の入社式秘密結社に徒弟・職人・親方という位階に過ぎないものが三十三にも及んだことで、あらぬ疑いの目をかけられたというのが実態のようなのであったらしい。それが、かくも危険視されたのはフランス人・リギョール神父の『秘密結社』（明治三十三年）なる文献が元らしく、背景にはバチカンとガリレオの新思潮の対立構造があったという。訳語も「自由工社」なら、かなり妥当なものと思われるが、「唯物的陰謀団」となると、もはや実態を離れ秘密結社の趣にならざるのもやむを得まい。

中国の数多ある秘密結社わけても興中会は革命党の趣を呈し、黄巾や義和団などの宗教的秘密結社は迷信を利用し、民心を収攬したという。

露西亜の秘密結社は社会革命の方法を講究、また悪名高き秘密結社K・K・K（クー・クラックス・クラン）が日本に知られるようになったのは、大正末期のことで、白人至上主義・移民排斥の急先鋒で日米関係悪化の最大の要因にもなったというのである。トレードマークの白頭巾は共和党をも困惑させ、オーストラリアの支部ではアボリジニを標的に脅迫や暴力事件を起こしているというのだ。

ところで、日本におけるフリーメーソンリーの淵源は、江戸期、長崎の出島でオランダ人が儀式を行ったというのが最初といわれ、在日外国人のロッジ（支部・集会所）が各地に生まれたらしい。もっとも、日本人の加入は戦後のことで日本の統合組織であるグランド・ロッジの発足は昭和三十二年になるが、社交的・修養的団体であることは言うまでもないとのこと。加えて日本の歴代総理の中で東久邇稔彦と鳩山一郎の二人はメーソンであったというのは間違いないとのことだが、それ以外の、噂であがっている政治家は憶測の域を出るような証拠が見つかっていないのだと。

日中戦争を機に抗日秘密結社らしきものが支那や満州でも生まれ、ムッソリーニのファシスト党も神秘的秘密結社とされた。が、ヒトラーのナチ党についての記述はなかったものの、党組織の拡がりを考えれば諜報機関であり、秘密結社であったことは言うまでもないであろう。（納武津『世界各種秘密結社の研究』昭和四年）

最後に、ブリタニカ国際百科より「フリーメーソン」について引用する中で、世界史的推移を確認し、この項目を閉じたい。

「自由な友愛を求め、十八世紀初頭より結成された国際的な親善団体。中世の石工（メーソン）ギルドの流れをくみ、一七一七年ロンドンに結成されたのが始りで、全ヨーロッパからアメリカに急速に広がった。ロッジと呼ぶ集会を基礎的組織単位とし、一地域ないし一国内の数ロッジが集まって上級の大ロッジを形成する。ヒューマニズムとコスモポリタニズムを信条とする会の原理に忠実であるかぎり、原則的には民族、階級、社会的地位、宗教によって会員の資格は制限されない。入会の際、象徴的、神秘主義的な儀式が行われ、会員は定められた合図、合い言葉、符丁によって認知し合う。ロッジ内部には、ギルドの徒弟、職人、親方の三身分が投影された基本的位階があり、大ロッジは独立性を保ちつつ大連合を形成する。フリーメーソンは十八世紀の合理と進歩を重んじる啓蒙主義的な時代思潮のにない手でもあり、個人主義的な倫理を信条とする中産階級、特に知識人が構成メンバーの中心となった。したがって宗教に関しては寛容、反動的な政治に対しては自由を主張したため、本来は秘密結社ではなかったにもかかわらず、協会や政府の弾圧を受けて陰謀団体、革命結社のように危険視された。アメリカ独立革命、フランス革命や一九世紀後半の自由、統一運動にはフリーメーソンの活躍は無視できないが、急進的共和主義や社会主義とは縁遠かった。現在ではその役割と意義は微弱になっている。」

《P・S》「ダ・ビンチ・コード」と秘密結社

二〇〇六年に映画化された「ダ・ビンチ・コード」（角川書店・上下・六三三頁）はアメリカの小説家ダン・ブラウンの傑作といっていい。まさに壮大なる西洋絵巻を独自の視点で解釈して見せてくれた。世界的な大ヒットとなり、日本でも公開前からの評判でかなりの集客もあったようだ。これは、ダン・ブラウンの秘密結社や陰謀史観に基づいて美術史や宗教史の該博な知識を織り込んでの独自な解釈をして見せたことが魅力となっている。ストーリーもハーバード大学の宗教象徴学が専門のラングドン教授（トム・ハンクス）を主人公に謎が謎を次々に生んでいくような飽きさせないミステリー仕掛けになっている。

もっとも、キリスト教文化圏の人にとっては西洋宗教史や美術史、聖書のことはバックグランドがあるので理解しやすいが、日本人には、ダ・ビンチの最後の晩餐の解釈は理解できても、それ以外のニケーア公会議での三位一体説、シオン修道会の聖杯、マグダラのマリア、テンプル騎士団のことなどをはじめ、ニュートンの万有引力さえも異端とされてしまった歴史などについては、西洋史のお温習《さら》いが必要なのかもしれない。

エジソンバンド、睡眠学習、百マス計算、エセ科学

…C・チャップス／D・シモンズ『錯覚の科学』（文芸春秋）他…

学習兵器？　そんな呼称があるのかどうかは知らないが、一般的に受験競争が特に激しくなってきたと囁かれつつあった昭和三十年代から四十年代の高度成長期に出現したのが、エジソンバンドや睡眠学習器をはじめとする怪しく・いかがわしい学習お助け装置なのであった。これらは、中高生向けの学習雑誌や少年キング、サンデーやマガジンといった週刊マンガ雑誌などにも載った夥しい少年向け広告の一つとして誌面を賑わしてくれた。

頭に附ける器具の方は戦前の『少年倶楽部』に既に「健脳器」という名称で掲載され、戦後エジソンとかノーベルとかの呼称で宣伝されるようになったらしい。広告からは、「覚えたら忘れぬ・記憶力・判断力・推理力の増進……」とか「空冷式で頭がスッキリ……」など、磁気の働きを利用したあたかも科学的？　なキャッチが目を惹く。また、睡眠学習器の方は、「ねている間に差をつけろ！」から「寝入りばなのレム睡眠を利用」「エビングハウスやその弟子の研究」云々など、説明書からは、あながち詐欺まがいともいえなさそうな効能が記載されていた。さらに、広告には大学教授や博士らの推薦文や有名大学合格

者の体験談もあって、俄に信じられなそうでありながら、実際に信じ込んでしまいそうな文面の内容でもあった。

人間の弱みにつけこんだといっては失礼かもしれないが、もしやこれらの機器で成績が少しでも上がるようであったならという誘惑にかられて、購入した者が多かったのではなかろうか。何と筆者もその一人であるが、がっかりしたのは、中に入っていた説明書の一文で「いくら、いい器械を購入しても、勉強しなければ効果はありません。まずは、しっかり勉強することです」と。今でも忘れられない。何だ、これでは、高い金を出して機器を購入した者を騙しているだけじゃないかと……。それにしても、大方の人たちは、半分くらいは最初から信用などしていないのであるが、騙されたいという願望もないわけではないと思われるのだ……。

話は変わるが、末期のガン患者が医者に「余命三ヶ月、もう肺にも転移していて手の施しようもありません」と宣告されたとしよう。普通の医療機関では診てもらえなくなった見放された患者に対して、民間療法や代替療法なんぞに頼っても効果はありませんからやめた方がいいですよ、と誰が言えるだろうか。これは近藤誠でも言えないはずである。人間には、最後まで諦めない・諦められない運命に逆らおうとする気持ちが誰にでもある。万が一にもという奇跡を信じたい気持ち。それに、実際に、死の淵から生還できたという患者の声。これは、ウソや捏造ばかりでもないらしいと。一縷の望み。これも騙されたいという願望。ただ、宝くじのような確立でしか、ガンの末期で手の施しようのなかった患者が生還したというような話は存在しないだけである。確立は〇・一％にも満たないのである。五十人の成功体験談の影には何万人のも失敗体験談があるわけだが、それは、公にならない。そこに目をつけ、ひと儲けしようとする業者が出てくる。もっともらしい理論や体験報告、エセ学者にエセ学説をうまく取り入れて信じ込ませる手練手管が完成する。

しかし、これとても詐欺商法とまでは言い切れないだろう。

話を元に戻すと、こういったトンデモ学習兵器は、まともではないが、人間は弱い存在であり、運命を受け入れられない存在であることがわかる。

人間の馬鹿・利口は生得的なものでどうにもできないものであるという厳然たる事実。勿論、教育や学習は必要だし、効果のある方法もあるが、馬鹿は利口にはなれない。にもかかわらず、サブリミナル効果、モーツアルト効果、脳トレ、百マス計算などなど、次から次へと、商売の道具には事欠かない。少しでも効果があるといえば、誰もがそれに飛びつき、ブームを起こすも、結局は何の効き目もなかったというところに行き着き、自ずとブームは去って行く。

学校教育では、名称はともかくとして、音読も書き取りも、計算もたっぷりとそれなりに連綿と行われてきた伝統があり、効果がある者には効果はあった。勿論、東大合格者も出した。しかし、誰もが、やればできるようになるというわけではない。例えば、九九が言えるようになるのと、東大に合格したりするのとは別なのである。ブームを巻き起こした陰山の実践「百マス計算」ドリルも、卒業生の多くが国立大や有名大に入ったからといって、たかだか数年やった音読や計算力が効果的だったのか、中高へ進学してからの方法に効果らしきものはなかったのか、はなはだ疑問であるし、山間の小さな学校から多くの者が進学したところは全国至るところにある。筆者も半数以上の教え子を国立有名大学へ進学させたが、果たして自分の教授方法によってなのかどうかは、不明である。にもかかわらず、それをあたかも我が方法論にこじつけてしまったところこそ、いかがわしさがある。実際、多くの公立学校では「百マス計算」の実践（追試）をやればやるほど混乱状況が現出し、いじめが多く発生する原因となっていることは、教育雑誌などで頻繁に取り上げられている。効果を疑問視する教育学者も多数いる。これらは、「やればできる」神話の誤解から生まれた。大手出版社と組んでの便乗商法と言えなくもない。

能力の問題に関していえば、正常分配曲線（正規分布）というのがある。ＩＱで言えば九十五〜一〇五辺りがもっとも多い所謂、一般人なのである。相対評価で大多数の国民（評定でいえば二〜四の段階の八十六％）がこの範疇に入る。これ以上の優れた少数は、理解力・記憶力が並はずれている秀才で、国や組織でリーダーになるであろう人達。だから、飛び級やそれなりの教育的配慮がなされるべきであるが、その気配は殆ど聞かない。しかし、知的障害者等には、現実に特別支援教育がなされていて、こちらには、かなり丁寧な対応の仕組みがとられている。自転車に乗ることはそう困難ではない。一応、練習すれば誰もができるようになる。が、オリンピックで金メダルは、誰もがとれるものではないというのと同じ理屈なのではある……。

そして、このような出鱈目・まやかしに対して見事に科学の力で大ウソを見破って証明したのが、ハーバードの俊才のクリストファー・チャブリスとダニエル・シモンズの二人。『錯覚の科学』（文芸春秋刊）で見事に証明している。成毛眞の解説にあるように、脳トレで脳内の血液量が増えたとしても、認知能力が向上したとは言えず、それも、あくまで、そのソフトを解く力だけが向上したに過ぎないらしく、汎用性は全くないらしい。そして、脳年令を維持する画期的な方法は、有酸素運動として週に三日、四十五分のウォーキングをするということをこの本の著者は述べている。脳トレではなく、体トレこそが脳を若く保つコツであるとは……。これが、一部の科学者らの主張が「錯覚」であることを述べている本書の核心であるといえよう。さらに、実験Ⅵの「可能性の錯覚」では、自己の可能性を少しでも信じようとする者を情け容赦なく否定するような実例（モーツアルト効果もサブリミナル効果もまやかしであることなど）が実証的に証明されていて、これらを事実として受け止めなければ、トンデモ学習兵器をはじめとする詐欺まがい商法につけいる隙を与えてしまうことになりかねない。さらに、相関関係と因果関係の違いについても述べているが、本書をじっくりと読んで納得してもらうしかない。じっくり読めば、正に「目から鱗」の本であるということがわかる。

《P・S》

最近（平成の世）になって、再び「睡眠学習」が注目を集めているらしい。昭和の時代の復活ともとれないこともないが、海外での科学的・実証的な実験によって、その効果が確認されたらしいのだ。

発想力を刺激してくれたカタログ

今や通販の売り上げは六兆円を越えているらしい。通販市場の伸びにアマゾンをはじめとするネット通販が大きく牽引していることは間違いない。これでは、地元の商店、地方の百貨店の売り上げががた落ちして、潰れるところが出てきてもおかしくはない。

ともかく、ネットが浸透し始めてからの通販の勢いは想像を絶する。以前からも、カタログを中心にした通販はあったが、それはたかが知れていた。多くは、地方でも手に入る品物が殆どであったし、値段においてもリーズナブルでもなかった。特段、興味を惹くモノは少なかったし、日数も二、三週間は待たねばならなかったというのも欠点だった。たまに、買ってはみると最初から中国製の不良品であったり、すぐに壊れてしまうシロモノも多かった。これは今でも変らず。製造元が韓国や中国のモノは殆どが初期の段階で故障、直すのにも手間がかかり（発送元に梱包して再送しても、連絡がうまくとれなかったり、半月から二、三ヶ月も時間を要したりと）こんなにトラブルが多くては、通販がイマイチブレークしなかったというのも頷けた。こういったトラブルだけは、今では、それなりには改善されてはきた。一つには、ジャパネットのようにまがい物の販売はせず、売りっぱなし商法ではなくなり、注文から配送、設置から引き取り、メンテナンスまでをきちんと引き受けてくれるようになったところが大きい。加えて、返品と返金がスムーズで、音信不通になるような怪しげな企業は淘汰されてきたともいえる。ただ、商品の色はともかく、質感や大きさの微妙なところなどは、手に取ってみなければ分からず、店頭で吟味できる直接販売には叶わないところもあろう。ただし、それが店頭には出てないモノ、外国製の逸品となると、（カタログならではの製品なら）多少高くても、購入したくなる。靴や鞄でも文具類や日用品、さらには服飾や機械製品でも、市販されていないものなら（品物の品質が保証されていることが条件だが）デザインや機能などの面が良ければ、金額は考慮から外れ購入したくなる。

そんなカタログの世界に安心と充実をもたらしてくれたものに、ソニー・ファアミリークラブ（ミュージック・ダイレクト）がある。高級品ばかりではないが、品質は確かに良く、折り紙付きといっていい。市販もされているものもあるが、製品に間違いのない点がいい。さすが、ソニーであると思わざるを得ない。

前置きが長くなってしまったが、そのソニーでは長年（二十年）に渡ってＣＤを系統的に発掘、販売する「ＣＤクラブ」という会員制のクラブを運営してきた。（ただし、世の中の動きはダウンロードになり、ＣＤの販売は低迷、機関誌のクラブマガジンも平成二十三年に廃刊、終了となったが）その各ジャンルはクラシックから、ジャズやポップスなどの音楽系から講演や朗読、歴史、落語などまでと幅広く、さらに科学分野でもビデオやDVDなどを紹介してくれた。その冊子の特徴の一つに、巻頭での各ジャンル共通の特集頁があり、それが何よりも読ませる。勿論、後にその筆者のCDの販売もあるように構成されてあるわけだが、興味あれば購入の対象になるし、そうでなくても内容がいいので、その特集頁だけを読むために会員になっているという人もいるくらいだった。時には、別刷りのA4幅大の冊子を(平成十五年には『GG』……ゴールデン・ジネレーション＝黄金時代という名称で)発行して愉しませてくれた。なんといっても、売らんかなという姿勢ではないのがいい。それでいながら興味津々の特集頁が広がっている。その時の特集は三つで、その巻頭スペシャルとしては養老孟司の「声」を聞く……「バカの壁」をかいま見る……として、養老孟司の特集が四頁に渡って掲載されて、南伸坊のコメントやバカの壁を乗り越えるための十の言葉が載っていて惹かれる。最後に、カートンボックス入りCD五巻の「バカの壁のむこう」を紹介している。こんな言葉に興味があったら購入したら……と、上手い仕掛けを作ったもんだと製作者の知恵に脱帽した。第二特集は、ブルーノートを知らずにジャズは語れないとして、ブルーノート伝説を同じく四頁に渡って掲載、これだけ読んででも、ちょっとしたジャズ通になれそう。そしてブルーノート関連のCDセットを五点も紹介、どれも面白そうで迷ってしまう程の仕掛けとなっている。連載は二つ。落語で巡る江戸・東京と音楽が聴ける店。共に二〜三頁を費やして解説し六作品ものCD全集を紹介。(落語やクラシックに興味ない人には関係ないが)どれもが名演の誉れ高い名盤ばかりで、欲しくなること間違いなし。その他「世界の車窓から」のビデオやＤＶＤをはじめ映画音楽のＣＤ全集まで盛り沢山の案内になっている。

まさに「大人の知的冒険心をくすぐるカタログマガジン」に相応しいと、提灯持ちのようなコラムになってしまったわけだが、これこそが、今後のカタログ冊子の方向性を指し示しているといえよう。商品だけの紹介記事では、面白くないのだが、そこにプラスする特集の（商品紹介にも間接的に繋がっている）面白記事が入ることで、これはもうメンズマガジンにさえなっているといえる。暇と金を持て余したＧＧエイジには、うってつけの企画なのであり、読み応えのある冊子となっていた。今後は、不定期でも冊子のカタログ本でＣＤやＤＶＤの名盤や、とっておきのお宝を発掘して紹介してほしいものだと思っている。

転身力で教授職に

……小川仁志『市役所の小川さん、哲学者になる・転身力』（海竜社）……

帯の「人生は変えられる。夢は実現できる。必ず！」に惹かれて購入したが、いかにも安っぽい自己啓発書のようにも見えるし、単なるハウツー本でしかない側面も確かにある。が、参考になる具体的な生きるヒントもちりばめられている。

この手の、つまり鷲田教授の「大学教授になる……」実践編のような本は、かなり出回ってはいるものの、どれもこれも一通りの社会人の仕事もして、それなりに苦労もするが結局うまく大学院に入り、マスターやドクターのコースをとって、何とか教授職にありつけました……といったお話。だが、これとて、極めてフツーのコースを辿ったお話で、珍しくも何ともない。今の日本の大学は、オーバードクターもええとこ。大学院や博士号は当たり前。それがすぐにメシの種にはならないわけだから、四十近くにまでなってやっと正規の講師職にありつけたなんていう話はあちらこちらにある。誰でも大学教授になれるといっても、結構、苦労もして大変なのですよ、といった具合のものが多い。今時、大学院にも行かず、ＭＢＡも取らず、それだけで、教授職に就くのは、ネームバリューのあるジャーナリスト、新聞記者か、テレビタレントくらいか？

この人も京大卒ながら、商社に入るも六年で辞め、司法試験を目指してチャレンジするも結局は挫折。そこで、フリーターになり、市役所職員になるため地方公務員試験を受ける。ここまでの話がなかなかリアリティーに富んでいて実に面白い。自己を飾らずに、正直に書いていて好感が持てる。企業に勤めて正社員ともなれば、おいそれと仕事をしながら並列的に勉強などできるものではないのが現状。(とはいえ、高級官庁や超一流企業に入れば、研修名目で欧米の大学で学ばせてもらえることもないではない。もちろん、これとて少数で、これまた試験が立ちはだかっているのだが……)企業戦士になれば、安定はするが、日々の仕事は二十四時間とはいわないまでも、とてつもなく忙しく自分の時間を取り戻すなどという余裕はない。土日出勤も当たり前。それに比べれば公務員はかなりマシの方だと。ということは、通信にせよ夜間にせよ(意志さえあれば)大学院にも通える余裕もあるハズなのではと。(この人・小川さんは、名古屋大の大学院へ進学を決める)

まぁ、この程度では、ハッキリ言って万人向きではないのだが、学者になるためには実力だけでなく、運などのその他を引き寄せる法則が必要で、その細かい手練手管が書かれているところがこの本のミソといえば、ミソ。

では、頭もフツー、学歴もなく、ごくごく平凡な人間でも、チャンスはあるのか?といえば、その答えは……。

……あるのですと。それは、何がしかの「賞」をとること(小川さんは、それを『公募ガイド』で探し当てた！　のです！）それでチャンスがやってくるとのこと。勿論、賞といってもいろいろある。直木賞や芥川賞らをとるのは、難しかろうが、専門領域の限られた人しか知らない賞というのも山のようにある。それをとるのは、そう困難ではないと。

そして七章では、プロの研究者を目指すためのステップが箇条書きされている。これは、鷲田教授とほぼ同じだが、十一のステップを正に一段一段と着実に上っていけば……、視野が突然開けてくると。それには、積極的にPRせよと。もはや、謙譲が美徳の時代ではなく、いかに自己をPRできるかに、将来の人生はかかっていると。どこへ就職するにも、アピール力がなくては、いい職に巡り会えることは難しいらしい。

これと自分の人生を決めたら、あとは、諦めずに、続けることにかぎるようだ。著者である小川仁志も、この本を出版したことにより、哲学者としての仕事が、（雑誌やメディアで多く取り上げられ）舞い込むようになったとか……。折しも、マイケル・サンデルのブームもあって、哲学という難解なイメージは払拭され、モノを正確に考えるための手段になり、哲学カフェに多くの人が集まって話し合えるようにもなった。今が、哲学のブームの再来かもしれないのだ。この時代の波に乗れたということも、小川にとって運があったのかもしれないのだ。

一九六〇年代の街角風景

……地元の個人商店街がまだ生き生きとしていた頃……

街の風景で忘れられないものに、小学校時代を過ごした甲府の街の武田通りから宮前町、そして住んでいた元紺屋町のそれがある。つい、先日も、愛宕山に登ってみると、眼下に妙遠寺や特別養護老人ホームの聖ヨゼフ寮が見え、随分と懐かしくなってしまった。そして、この愛宕山に近所の悪童連中と何回か登ったことが、それこそ昨日のことのように思い出されてくるのであった。父親と登ったこともあったが、よく覚えているのは、近くに住んでいた大家さんの兄貴とで、よく連れて行ってもらっては粉末の「渡辺のジュースの素」の小袋なんかをもらっては嘗めたことである。貧乏ではあったが、貧しさを感じたことはなく、毎日がパラダイスであった。時あたかも高度成長と軌を一にする時期でもあり、時代は貧しさから豊かさを目指してそれこそに邁進しようとしていた。

当時、元紺屋町の住まいから、新紺屋小学校までは片道約十五分の道のりであったが、途中には、それこそいろいろな店があって退屈しなかった。鮮魚の中村屋なんかの前には、いつも人だかりがしていて活気があったし、近くの数野商店は、小さな店ながら「よろずや」で子供向けの駄菓子から缶詰や野菜までもが売られていたし、乾物屋の小林商店には、父親が吸うタバコの「新生」をよく買いに行かされた。どれもこれもが今となっては楽しく懐かしい思い出である。日本の各地が「三丁目の夕日」に照らされてもいた良き時代であった。

そして学校の帰りには、いつも清川屋という肉屋の隣にある間口三間の星野書店に立ち寄っては、漫画本を立ち読みするのが愉しみであった。星野書店では『小学○年生』という学習雑誌よりも、少年マガジンやサンデー、キングなどを見ることの方が、愉しみであった（昔は、立ち読みに寛大であった）し、付録で分厚くふくれた『冒険王』や『少年画報』といった月刊誌の方により一層興味があった。（しかし、こちらは、正月とか、誕生日などの特別なことでもない限り買ってもらうことはできなかった。が故に「お宝」本でもあったのだ）また、誇大広告にも魅力があって、いかがわしいとわかっていても、エジソンバンドや記憶力増進器なるものを通信販売で購入しては、がっかりさせられたことも何度かあった。少年マガジンやサンデーなどには、夢の超特急「ひかり」が、それこそSF的に取り上げられたが、特急や急行に乗ること自体がまだ贅沢で、東京の親戚に行くときは、きまってスイッチバックの鈍行列車であった。だからこそ、紙製の幻灯機や大阪城や戦艦大和などの組み立て付録に熱中できたともいえる。まだまだ、新幹線は「夢」であったし、特急電車に乗ることは普通にはありえなかった。それこそ贅沢だと思ったのが、準急電車で、急行よりは遅いが鈍行よりは、かなり早く、何とも贅沢な旅だと思ったことであった。当時は列車が丁度、電化され始めた頃で、鈍行という普通列車はまだ蒸気機関車で、トンネルに入ると窓から油煙が入り込んでくるのですぐに閉めなければならなかったし、黒くなっているひじかけを母親が必ず拭いてくれ、東京の下町の親戚からの帰りには笹子餅を頬張ったことが、つい昨日のことのように思い出されてくる。また、駄菓子屋の大店・乙黒商店は学校帰りの子供たちのパラダイスでありワンダーランドであった。日曜日などになると朝から賑わい、いろいろな駄菓子やおもちゃ、くじの周辺には、山のような人だかりがしていた。近くの数野商店や乾物屋の小林商店へは、おつかいに行かされては、お駄賃と称するお小遣いをもらって、それを貯めておいて、甲府の街中のロイヤルモデルなどのプラモ屋さんに行っては、戦艦や戦車、ゼロ戦などのプラモを買うことが楽しみであった。

いつもきまって夢を見る街の風景には、場末のこんな駄菓子屋やら本屋が必ず出てくる。そして、どれにしようかと迷っている内に目が覚めてしまうというパターンである。

昭和三十年代後半から、四十年代の初めにかけて、甲府で過ごしたものにとっては、地元の個人商店が生き生きとしていた様子や活気のある中心街の銀座商店街などの風景が目に浮かんでくる。一九六〇年代は、まだまだ、甲府の繁華街……下町といわれるオリオン通りや桜町の専門店街や、岡島や松菱、中込といった百貨店など……に行かなければ、買えないものがいっぱいあった。近所の商店街は食料品とか日用品、中心街では服とかの靴などの耐久品と買い物にも住み分けがあった。またデパートの屋上にある遊園地に連れて行ってもらえることは、手軽な小旅行に近い感じでさえあった。映画もまた、テレビにはとって代われない何かを提供していた。高度経済成長のかけ声は高くても、実際の生活は、まだ貧しかったし白黒の十四インチのテレビはあったが、まだ総天然色・シネマスコープ、ちょっと高級なシートに座って見ることができる映画にはとてもかなわなかった。映画は映画である。テレビではお目にかかることのできない俳優（二枚目といわれる男優や絶世の美人女優など今日びのタレントとはやはり格が違っていた）に出会えることができる唯一の場所……映画館のロビーは芸能界と一般人の接点のような役目を果たしていた……それが映画館……邦画なら電気館や甲府宝塚であり、洋画ならセントラル劇場……であった。父親に連れていってもらった大映の武蔵野館で長い列にずっと並んで「立ち見」で『ガメラ』を観たのが、つい昨日のことのように思われる。

六十年代も終りに近づくと『キューポラのある街』に出てくるような貧しさの世界から、一生懸命に働いて、暮らしを少しでも良くし、中流階級に入りたいという願いが強くなってくる。カラーテレビ、カー、クーラーといわれる３Ｃ時代の到来は、大人や子供の暮らしぶりを大きく変えていくことになる。そして、甲府の街角風景も大きく変わっていくことになる。

《P・S》

あれから半世紀、世の中は大きく変り、その中を必死に脇目も振らずに生きてきた。時代の流れに身をゆだね、街角風景に思いを馳せることの余裕もなく、定年を迎えることになった。大方のサラリーマンも、そんなところだろうと思う。

甲府の風景は、大きく変わったともいえるし、変わらなかったともいえる。中心街の活性化などが話題にのぼるのは選挙の時のみ。どの県でも、大同小異で、大手全国チェーンの郊外型のショッピングセンターやモールがあちこちに建てられたり、家のすぐ近くにはコンビニが存在したりするのだから、甲府の街中に駐車場を探してまで買い物に行くのは不便この上ないのだ。地方では、人は街の中心部には、集まらない。だから、どうしても地方では中心街に「シャッター通り」が目立ってしまう。地方ではモータリゼーションの発達と中心街がさびれていくのがリンクしているのだ。

そこへ行くと、東京、大阪、名古屋、福岡などを初めとする大都市の活気は、羨ましい。街中の小さな商店街が生き生きとしている。個性的な店が目立つし、活気があって品揃えも豊富だ。夜になっても人だかりが絶えない。少ない人口、公共交通が不便、だから一人に一台という地方と、クルマよりはバスや電車の方が早いからという都市圏とでの違いといえよう。地方で中心街に店を構えるなら、その店に行かないと買うことができない商品

（個人的に言えば、外国直輸入の商品、手品用品、鉄道模型などの専門的な趣味の店）があれば、あえて不便でも、中心街に買い出しに出るのだが……。

高度経済成長と共に突っ走った東宝映画

…昭和が生んだ爆笑喜劇の大傑作・「日本一のゴマすり男」…

東宝では「クレージー」をはじめとして「社長」や「駅前」「てなもんや」などの喜劇映画五〇本をラインナップしたDVDマガジンを発行した。(平成二十五年)

SFものや怪獣路線は、夢と明るい未来への希望の確信が背景にあり、この喜劇路線は、その現実路線ともいえるもので、相互一体的なものであったといっていい。輝かしい未来への熱望を見て取ることができる。

その表題の四巻目に当たるのが、「日本一のゴマすり男」(一九六五年公開)である。読者が選んだ「クレージー」映画のベスト四らしいが、筆者にすれば、ナンバーワンであるといっても間違いなしの出来だ。ストーリー展開もアップテンポで、内容的にもリッチで飽きるところがない。非の打ち所のない娯楽映画の最高傑作といっていい。

これも脚本の笠原良三と監督の古澤憲吾に主役の植木等が加わったのだから無理もない。当時の宣材(宣伝材料)の数々を見ても高度経済成長へと突き進む日本の勢いのようなものさえ感じ取ることができる。スーパーサラリーマンとか、モーレツ社員とかが魅力的に写った時代、徹夜で会社に残って仕事をしても、それこそが花形で出世街道まっしぐら、飛ぶ鳥を落とす勢いの主人公に誰しもが少しは憧れたものだ。受験生の「四当五落」などもそんな時代が生み出した言葉とさえいえる。他人より余計に仕事をする、余分に勉強を頑張ることが、当然の美徳としてもてはやされた時代。体制・反体制を問わず、超勤勉に振る舞うところがミソ。であったればこそ、ゴマをすっても嫌みにならず、ホラを吹いても好かれてしまい、無責任でも大出世。映画を見終わった後には、オイラもひとつ調子に乗って頑張ってみるかと前向きになって映画館を出る。何の取り柄のない身でも……と思いつつ、植木等になった気分で颯爽とチャリンコを走らせていったっけ。

こういった夢と希望を与えてくれたのが、東宝の娯楽路線であり、時代の傾向とマッチしていたこそのものであったといえよう。

六十年代は、まだまだ地方と東京での格差は、すこぶる大きかった。この映画の最初の方に出てくるシーン、主人公中等《なかひとし》が実家を訪ねるところでは、富士急のボンネットバスが走っているのだが道路は舗装されておらず、クルマの通った後には埃が舞う、地方では当たり前の風景が見て取れる。それが一転、東京になると道路の巾が広いだけではない、車線も三つ、歩道もあり、クルマの量に圧倒される、ビルも人も桁外れ。そんな風景のなかに東京への憧れがあり、昭和という時代が急激に都市化を目指していった跡を読み取ることもできる。

次に、中等が入社する外車販売の自動車会社(後藤又自動車…ヤナセ)が登場するのだが、ショールームにはバカでかくて豪華な輸入車がズラリと並ぶ。日本人にとってはクルマといえば、せいぜいタクシー程度で、日本製の自動車だって夢のまた夢。一九六六年にカローラ・サニーが登場して、やっと日本のモータリゼーションの幕が明ける。ましてや庶民にとっては、余程のお偉いさん方か、アチラ関係の方か、ともかくクルマ自体が高値の花であってみれば、外車などは想定外。だが、そのなかで、やり手のセールスウーマン、眉子がVWのビートルカブリオレに乗って颯爽と登場する。半世紀が経ってようやっとVWも珍しくはなくなったが、当時としては、時代の最先端をいっていたのだろう。

同じくVWのカルマン・ギアも登場するが、そのデザインの素晴らしさには惚れ惚れとしてしまう。映画ではGMのビューイック・スカイラークのコンパーチブルも登場させて、外車といえばキャデラックなどのアメ車を想定させるが、日本での人気はドイツ車のベンツやBMWの方になっていく。

とまれ、当時はクルマはセールで売るものと決まっていた。月に何台売ったかがバロメーターで、結局親戚廻りをして数台は売ってみたものの後が続かず、辞めていく、これがクルマのセールスマンの実態で、華やかさの裏には厳しい会社の掟があった。三年も持たずに潰れていったセールスマンの何と多いことか。そんな中でも、眉子（浜美枝）は、やり手であるから、敢えて契約社員を選んで、顧客を獲得していく。当時、既に契約社員が存在し、成績（ノルマ）に応じて収入を得ていたことが分かる。さらに、話は進んで、世田谷の上野毛のお屋敷が社長宅として登場するが、実際は東急の五島慶太邸で、そこの令嬢が中尾ミエ。しかも、セスナが趣味というから、桁外れ。当時でも上流階級の世界では、当たり前でも一般大衆にとっては、夢の又夢。であればこその映画なのだ。一瞬、ひとときではあっても、日常生活ではありえない世界、味わえない体験、夢を垣間見せてくれる。その醍醐味こそが映画なのであった。そして、いつの時代でも、旬のいい油ののりかけている俳優や歌手がいるが、浜美枝と中尾ミエという飛びっ切りの生きのいい女優を持ってきて主役に華を添える。この世には男と女しかいないからこそ、絶世の美人でなければならない。浜は007のボンドガール、今でも浜に匹敵するようなチャーミングな女優はいないのではないか。

さて、この映画ではなく、「ホラ吹き男」の方では、日の当たらない部署・調査課資料係で働くベテラン社員（三井弘次）を登場させて、会社の労使の微妙な関係も垣間見せてくれるが、当時は、まだ労働組合が盛んなりし頃。国鉄もJRになる前で、ストがよく起こっても、労働環境改善の為と国民の理解も得られていた。が、今の時代は、どうであろうか？　サービス残業は当たり前、ブラック企業は蔓延って、ホワイトカラーエグザンプション等々……労使の対立はなくなったが、派遣社員やフリーターなど、正社員になれない枠組みから外されてしまった多くの人達。ビルは高層化し都会と地方との差はなくなり、この映画のような世界に近づいたともいえるが、貧富の格差は拡大し、定年後も年金の引き延ばしや減少で、輝かしい未来は、どこにもない。手に入れたはずの未来の道具、デジタル機器もＩＴ機器も便利さはもたらしてくれたが、豊かさにはほど遠い。ＩＴ長者は作ったが、休まず働いて手に入れたのは、生きにくい無縁社会であったとは……。

だからといって「昔は良かった」といっても始まらないが、今では外車もたやすく手に入るし、生活レベルも格段に良くなった。かつての映画の世界は、現実そのままなのだ。が、今が寂しいのは、さらなる憧れが、どこを探してもないことだ。

人生に迷う者へ・人情の機微とは

…安藤昇『王者の煩悩』（コアマガジン）…

老いて益々盛ん……とは、正に安藤親分の、いや敢えて兄哥と呼ばせていただくならば、安藤兄のためにあるお言葉かと思えてしまう。御歳八十歳を越えてなお、女にももてれば、しかもこれだけ次々と著作も出し、羨ましい限りである。孔子は、三十にして立ち、四十にして惑わず、五十にして天命を知り、六十にして耳順う、七十にして心の欲する所に従って矩を踰えずといった。また、天は二物を与えずともいうが、やはり、羨ましい男、男が惚れる男は存在するのである。帯にもそんな不良のカリスマの一言が載っている。「イイ女も抱いたし、バクチも楽しんだ。映画にも出ればレコードも出した。刑務所生活は余計だったが、それでも「おもしろい」という一点において充実した日々を送ってきた。世間から見ればロクでもない人生かもしれないが、オレはこれで満足している……。人生の幸せは、それぞれの立場においていかに「完全燃焼」するか……この一語に尽きる」と。

さて、前振りが長くなってしまったが、このあとがきは読ませる。

「たかが人生、されど人生……。織田信長は桶狭間の出陣に臨んで、《人間五十年、外天のうちをくらぶれば、夢幻のごとくなり》と、曲舞『敦盛』の一節をみずから舞って見せたというが、なるほど、人生は一瞬不帰。過ぎてみれば、まさに夢幻のような気がしてならない。」とし、高い志があって生きてきたわけではないものの、気儘な日々を全力疾走で駆け抜けてきたことだけは確かであったと述懐している。さらに、このあとがきが蛇足になっては意味がないとして「男はかくあるべきではないか」という思いを続ける。

「男が志を立て、世に出ようとするなら、《飲む・打つ・買う》の三つを心がけるべきだ。この三つは、一般的には、「酒、博奕、女遊び」のことを指して、男の甲斐性と言われるが、オレの考えは少し違う。

《飲む》は酒席をたとえとした「人間関係」のこと。こいつがうまくいかなければ、どんな能力も努力も報われることは少ない。意志は貫くべきであるけれども、とんがってばかりいたのでは組織に踏みつぶされてしまう。場合によっちゃ妥協も必要だろうし、大志の前に膝を屈することもあるだろう。他人との関係だけでなく、自分の気持ちにどう折り合いをつけるか……これが人間関係の難しさで、ここをきちんとやれるかどうかが大事ということ。

《打つ》は、博奕をたとえとした「度胸」のことだ。……丁か半か！「丁！」人生の賽の目はどっちがでるかわからない。だが、どっちの目が出ようと、ここ一番の正念場に臨んで敢然と決断を下せるかどうか。ここで人生は決まる。なぜなら、神様は誰に対しても平等に幸運のボールを投げているにもかかわらず、臆病な男は、捕るべきかどうかを逡巡するため、幸運のボールを逃してしまうからだ。むろん、幸運のボールとは限らない。リスクはある。だが、度胸を決めて捕球しないかぎり、幸運のボールは決して捕ることはできないのである。

三番目の《買う》は、「責任を持つこと」女と関係をもったらきちんと面倒をみよ、ということにたとえて、責任感のことを言う。責任感とは、仕事であれ友人関係であれ、ひとたび、信を結んだなら最後までそれを貫くこと。どんな理由があろうとも、信をまっとうできない男を変節漢というのだ。

……冒頭で「人生は一瞬不帰」と書いたが、「人生」という何かがあるわけではない。日々を積み重ねた総体を人生と呼ぶ。

すなわち「いま、この瞬間」……これが人生のすべてということだ。」と結んでいる。

この「あとがき」は、安藤ファンならずとも納得ずくめのはずだが、さらに、本文には、味読すべき箇所が第一章「不良の情事」にはじまり、第五章「王道」まで各章十一本のエッセイがそれぞれ並んでいる。

第四章「いい加減」では田中角栄の人間的魅力について触れ、目白邸を訪れた週刊誌の記者に対してオールドパーを手渡し「これを飲んでくれないか」そして「一緒に写真を撮らんかね」と気さくな口調で告げたという。この気遣いを見た代議士は相手を見抜く人身収攬術を目の当たりにしたという。さらに、料亭の下足番のような客から相手にされないような縁の下の力持ちにも必ずチップを渡したとして、「現代の政治家に欠けているもの、それは人情の機微である」と結んでいる。むべなるかなと納得せざるを得ない。

安藤の別の書『戯言《ざれごと》』（竹書房）にも，人生のロスタイムに思ったダンディズムの数々ざれごとの名台詞が並べられている。その一端を紹介して、この項を閉じよう。

まずは、第一章の「男たるもの」では、生き方などを語るにはお門違いと言いながらも「人生とは、刻々と過ぎ去っていく刹那の積み重ねであり、いまこの瞬間をいう。男の生き方を語るとすれば、毎日をどう生きるか……この一語に尽きる」と。そして安藤組とT組との抗争を取り上げ「肚《はら》をくくる度胸さえあれば道は開ける。人間、一度は死ぬ以上、早いか遅いかの違いだけ」なのだと。「人間万事塞翁が馬」では、努力で拓けるほど人生は甘くなく、ツキを頼りに生きるには度量がいる、と述べ、日々の生活に一喜一憂することなく生きることが大事だと。

最後に、「月は惜しまれて入り、桜は散るをめでたしとする」つまり、出処進退で男の値打ちは決まるということで、結んでいる。全三章、三十八項の戯言が、しみじみと胸に迫ってくる。

《P・S》『男の覚悟』（安藤昇）

男の究極の力は「覚悟」にあると言われても、生死を前にでもしないと、ピンと来ないのではあるまいか。当然である。普段からそんなに、張り詰めて日々を過ごしている御仁がいるわけでもない。しかし、安藤昇は二十七歳で渋谷に「安藤組」を設立して以来、事に臨んで胆《はら》をくくるとき、禅語「懸崖に手を放つ」つまり「断崖から手を放って事後を待つ」と自分に言い聞かせて、これまで生きてきたという。

人間が進退を窮まったときに取る態度は三つ「あがく」か「絶望する」か「胆《はら》をくくるか」しかないのだそうだ。「あがき」には恥も外聞もない。「絶望」は怯懦。どちらも逃げであり、逃避の先に問題解決はなく、嘲笑だけであると。しかし「覚悟」は最悪の事態を敢然と受け入れ、結果は天にまかせるというのだ。窮地に対峙して恐れず、あがかず、無心の攻めを「覚悟」と言うのだそうだ。修羅場を何度もくぐって来た安藤親分のようなわけにはいかないまでも、「覚悟」を決めなければ進まぬ事態は、この人生に何回かはありそうであるが、時に臨んでジタバタせずにはいたいものだ。

黒駒勝蔵という男の任侠道

…愛川欽也監督「明治維新に騙された男・黒駒勝蔵」…

キンキンこと愛川欽也が、この世を去ったのが平成二十七年四月十五日。享年八十歳。肺がんのためであったという。死の間際まで仕事をしたいと漏らしていたらしい。正にマルチタレントぶりを発揮した才能は、政治経済を扱ったパックイン・ジャーナルやアド街の名司会者ぶりに表れている。そして晩年になるとキンケロ劇場を作ったり、映画製作にも力を入れたりと実業家としての才も発揮し、清水の次郎長の敵役・甲斐の黒駒勝蔵にスポットを当てた作品なども作った。

たまたま、テアトル石和での追悼上映となったのを観たわけだが、タイトルにもあるように、官軍にいいように利用され、最後は官軍に殺されてしまう哀れなヤクザとして描かれていた。

「勝蔵よ、あっち（次郎長）は御上の言いなりになった飼い犬だが、お前はただの野良犬、それも負け犬だよ」といったような科白が印象に残ったが、同じ、人入れ・人足業の任侠道に生きたライバルでも、結局は口が達者で世渡り上手「へーい」と逆らわずに生きた次郎長は畳の上で死げたのに対し、勝蔵は騙され、最後は斬に処された、その差は、どこに？

監督・愛川はそれを瓦版売りの前口上にのせて、次のように語らせた。

「さぁてお立ち会い。ここに取りいだしたる瓦版は、何処のどなたがしたためたものかは分かりませんが、これが面白い。徳川三〇〇年の歴史に終わりをつげました五年、明治という時代に入りましたが、まだまだ日本全国が落ち着いては居りません。さてこの激動の時代に奇妙な人生を送った渡世人のお話。その人、実は関東甲信越の大親分というのだから面白い。子分だけでも六、七十人を抱え、甲州は御坂の麓、金川の流れも清き黒駒に腕と度胸の男伊達。甲州から駿州、遠州までその名あまねく鳴り響きました、黒駒の勝蔵の物語。ただ一つこの勝蔵、度胸はいいが欠点もありまして、情けに弱く涙もろくて騙され易い。つまり、頭が一寸、ハハハ……。さあお立ち会い。この歴史に残る小冊子、お話は今から五年程前から始まります」

浪曲でも清水の次郎長が英雄として扱われるのに対して、勝蔵は悪役。このことに関して、作家の岩崎正吾は、次郎長には養子の天田愚庵（五郎）が『東海道遊侠伝』を書き、それを種本に、浪曲師の広沢虎造らが語り伝えたことが大きいという。山梨に伝記作者がいれば、実像はかなり違ったものになったのではないかと述べている。尤も、その憾みは近年になって新資料の発見に伴い、解消されつつもあるようだし、また堀内良平が聞き取り調査を行いまとめた『勝蔵伝』や子母澤寛の『富嶽二景・次郎長と勝蔵』、結城昌治の『斬に処す・甲州遊侠伝』などにより、善玉次郎長、悪玉勝蔵という定説は覆された。

とまれ、博徒はいいように利用されるだけの存在でしかなかったのか？　そうではあるまい。侠客、そして任侠、やくざ者と時代は変っても、時に権力側と戦い、義賊として庶民の味方をして親しまれた存在であるからこそ、必要悪として生き延びてきたともいえるのではなかろうか。人斬り集団・新撰組にも信念があり、美学があったように、任侠にも、侠（おとこ）気、他人の難儀を救うといった男伊達があった。あまり美化しすぎるのも問題だが、今となっては消えつつある義侠心、日本人の「仁」の精神を顧みることも必要ではなかろうか。

《P・S》侠客・任侠・香具師（テキヤ）について…

任侠という言葉は、幡随院長兵衛の頃（十七世紀前半）には、まだなかったらしい。その頃は弱者を助け支配階級にたてつく、いわばレジスタンスで侠客といったらしい。職業も割元業という人足廻し、元締めを生業とした。それが、文化・文政年間から幕末（十九世紀中頃）になると、博奕打ち、やくざ者、渡世人となる。「天保水滸伝」の笹川繁蔵と飯岡助五郎が利根川の河原で対決、親分以上に有名になったのが浪人の平手造酒、それに国定忠治や清水次郎長の頃は同じ侠客といえども、金がモノをいう時代。遊民で賭場で儲けることや町人からがっぽりむしり取る遊侠になっていく。黒船以降世の中も乱れて幕府も統制がきかなくなる。黒駒勝蔵もその時代に生を受けた。勤王思想の伝統は信玄の時代より黒駒（笛吹市御坂町）の地域に根付いていたらしく、甲斐市竜王の地には信玄の家臣である山縣昌景の子孫、山縣大弐がいた。

そして、香具師（テキヤ）は、啖呵だけで金を取るのとガセミツと、騙して半端や壊れているよないかがわしいものを売る大道芸。露天商は、イカサマ商品で客を騙すから、庶民の「敵や」ということで、テキヤになったとか。

なぜ彼らは一代で成り上がれたのか

…河合敦「豪商列伝」（ＰＨＰ）…

歴史教養番組やクイズ番組に多く出演し、テレビタレント化さえしている河合敦先生。現在は公立校を退職し、文教大の付属中学校・高等学校で教鞭をとっているらしい。同じ社会科教師として、日本史を分かり易く説明するだけでなく、一歩踏み込んで人物や事件、制度や文化作品の背景やエピソード等を解説してくれる力量は大したものと思う。

この『豪商列伝』は、江戸期に一代で巨万の富を築いた二十八人の男たちを取り上げ、どうして、成り上がることが出来たのか、その成功哲学のエッセンスを解き明かしてくれている。といっても、今流行りの「いかがわしいビジネス書もどき本」では全くない。世の中にごまんと出回っている「インチキ本」（ダイエット、英会話、掃除など）とは一線を画していることは言うまでもない。

ところで、司馬遼太郎は『菜の花の沖』の主人公・高田屋嘉兵衛を江戸時代を通じて一番偉かった人物としてあげている。幕末の志士らを差し置いてのことである。その偉さは、他でもない、一介の商人でありながら「名こそ惜しけれ」の心をもった武人であったからで、既に武士は、藩という収奪組織に寄生する偸安者《とうあんしゃ》、ひ弱な役人に過ぎなくなっていたからであった。ロシアが襲撃してきても逃げるだけの臆病者である幕吏では交渉すらできないのに対し、嘉兵衛はロシア人と堂々と人質解放の交渉をして成功する。それも、リコルドという役人との信頼関係であった。それは嘉兵衛が「商品経済は、契約と信用で成り立っているという倫理観」を商人として持っていたからに他ならない。

嘉兵衛は、幼くして口減らしで奉公に出されるも、その中で商品の流通や漁業を学び、樽廻船の船員から船頭へと出世していく。船乗りとして働くうちに大志を抱くようになる。弁財船を手に入れ北海交易に乗り出すという夢である。その夢を定めると脇目も振らず一直線に進んでいく。夢中で働く姿の中に、判断力と度量に優れたところを見出され、資金さえ提供してくれる酒田の船主に出会い、一千五百石両積みの辰悦丸を建造し船主となる。しかも、商売上の助言（箱館を拠点にすべしと）もしてもらう。それからは脇目も振らずのすさまじい働きで、わずか数年で豪商へとのし上がっていく。

何人もの上の人に認められるという偶然（チャンス）も、本人の一生懸命さの中に見るべきものを見出されてのことで、ただ運が良かったという訳ではない。

高田屋嘉兵衛に学ぶ商売の極意として河合は「志の高さと労を惜しまない働きぶりが人の心をとらえて離さない「魅力」をつくり出す」と述べている。同感である。

二十八通りの成功譚を眺めてみても、いかにして商売を大きくしたか、どのようにヒット商品を編み出したかの成功への道程は、千差万別である。ここが、イージーでいい加減な成功法則を述べる「ビジネスもどき本」と異なっている。が。共通する法則などは全くない訳ではないとして……。

例えば、「常識を崩す」という極意をあげている。三井高利の越後屋は、それまでの呉服を得意様回りの代金に利子をつけて販売する方法から、現銀安値掛値なしの新商法を編み出す方法に変えたり、端切れも販売して庶民にまでも顧客に組み込んだりするような方法を考えた。さらに、雨が降るとロゴ入り傘を通行人に貸し出してサービスと宣伝に努めた。極意は「それまでの商慣行を崩すこと」だそうだ。また、そんなやり方を模倣して、さらに工夫を加えたのが、大丸の創業者・下村彦右衛門だという。「堅実経営」も成功の秘訣であるとして、様々な分野に手を出さずに銅の精錬だけに特化して財をなした住友の例をあげている。さらに「儲けのことより仕事をすることの方が好きである」ことも、秘訣であると。その代表が大倉喜八郎で「働くことこそが、人間の楽しみである」として、「金は事業の滓《かす》である」とまで言いきっている。

このように、それぞれが、自分の与えられた境遇の中で（強いてあげれば恵まれない、どん底の環境のなかでも）へこたれずに働き、まず一歩を踏み出すなかで才覚の芽を出して世に知られる存在に成り上がっていくことが分かる。

この本を読むと、いかに様々な困難を乗り越えて成功を手にしたかが分かるが、法則のようなものを簡単に導き出すことが、如何に意味のないことかも分かる。要は、どのようにして儲けたのかの中身にこそ意味があって、トイレ掃除で、宝くじが大当たりしたって、宝石泥棒をして何千万円を掠め取ったりしたって何の意味もないことが分かる。ホリエモンの「金を持ってる奴が偉い」のではない。

右にあげた人物の他に、みかん船や材木商で財を成した「伝説の豪商」紀伊國屋文左衛門、変幻自在で生きた「大坂一の両替商」の鴻池善右衛門、真珠の養殖で富を成した「世界の真珠王」の御木本幸吉らをはじめ、総計二十八人の成り上がりの成功譚を収めて一四〇〇円。ここから何を汲み取るかは、また人それぞれであろう。

最後に、著者の河合先生は、「意外に思うかも知れないが、健康に気をつけること」をあげ、「今回取り上げた豪商は長生きで、これは失敗してもやり直しが、その後の余生で可能だからだ」と述べている。

今更、もう付け加えるべき言葉はないが、敢えて筆者が読了したなかでの儲けに至る共通法則らしきものをあげれば「ハングリー精神」と「志」（野望）を高く持って「誠実」に働くことくらいであろうか。二十八人いれば二十八通りの生き様があり、皆、身を粉のようにして働き、その中で、思い切りの良さでチャンスをつかみ、成り上がっていったといったところか。

「あさが来た」（幕末から維新にかけて）の時代

ＮＨＫの朝の連続テレビ小説「あさが来た」が好評なようである。前の「希」もその前の「花子とアン」も高視聴率であったようだ。時代設定を現代モノから時代モノ（江戸末期・嘉永年間）へと目先を変えたところも面白さの秘訣であろう。

さて、その主人公「あさ」（今井あさ＝広岡浅子）の時代は、江戸の幕末の動乱期から維新で世の中が劇的に変化する時代を経て大正期に至るまでの様子を描いている。徳川から薩長の明治新政府、そして大日本帝国へと政権が交代する時代状況を商人の立場から描くことで、その経済や社会の生活の変化にも興味が向くよう仕掛けられてもいる。といっても、ドラマのなかでは大店の両替商という設定で（「あさ」の実家は京都随一の商家・今井家であるので）特別な面はあるのだが……。

国民の多数を占める農村の生活には、それほど急激な変化は見られないものの、経済的にドラスティックに切り替わっていく都市（このなかでは大坂）の生活の様子は、どのような変化を辿っていくのか興味尽きないものがある。教科書では、明治維新の政治改革についてては触れられてはいるものの、庶民の生活の変化は、ほんの数行で「ざんぎり頭をたたいてみれば、文明開化の音がする」程度の記述で、社会・経済・生活面でどのような変化を被ったのかは分からない。

そもそも、明治維新といっても、日本には、フランス革命のような民衆が起ち上がって徳川政権を倒そうというような動きではなく、アヘン戦争でやられた中国（清）の二の舞にならぬようにと、徳川政権の外交・政策運営に対して、一部の藩の志士らが起ち上がって「尊皇」とか「攘夷」とかを言い出したに過ぎないものだった。確かに、黒船ショックは大きな衝撃だったし、不平等条約を押しつけられたのも当時の力関係からすれば致し方ないものだった。それにしても、明確な日本の未来のビジョンを持っていたのは、龍馬などほんのひとにぎりで、（水戸藩のように国学の観点から、また薩摩藩のように西洋兵学の観点から政体構想を考え「尊皇攘夷」を唱える志士らはいたが、それは少数で）あとは佐幕派とか倒幕派とか分かれてのチャンバラに過ぎなかった。それが証拠には、「尊皇攘夷」を叫んでいた志士らの言葉はいつの間にかなくなって、「尊皇倒幕」「開国和親」へと変ってしまった事からも明らかで、政権が徳川から薩長土肥に変ったに過ぎない面もあって、維新を断行してからの急速な「脱亜入欧」……西洋の優れた文化・文明を取り込んでいこうとした……といえなくもない。

それほどに江戸幕府の政治運営は適切に行われていたともいえる。確かに、度重なる飢饉によって財政状況は悪化していたし、多くの武士は官僚となって「もののふ」とは言えないほどに士気は低下していたにもかかわらずである。幕府には、小栗忠順や栗本鋤雲、川路聖謨、榎本武揚、大鳥圭介をはじめ優秀な官僚が多く、官軍の西郷や大久保、木戸らにひけをとるようなものではなく、彼らに十二分に匹敵する力量をも持っていた。

いずれにしろ、明治維新の性格は、講座派のいうところの、「絶対主義の成立説」に近い。封建的な諸関係が残り、マニュファクチュアの成立も未熟で、封建社会の最後の発達段階である中央集権的な天皇制の成立とみる見方である。幕府が「大政奉還」を受け入れたことで、戊辰戦争という小競合いはあったものの、幕府から明治新政府へと政権はスムーズに引き継がれ、国を代表とする政権として国際的にも独立国家として認められることとなった。龍馬の心配した内戦が起こらずに政権移譲が行われたことも、列強につけ入る隙を与えなかったことで助かったといえる。

ところで、このような激しい時代の変化の波を受けて、庶民の生活はどのようであったのか。江戸幕府は「御用金」という苦しい財政状況を庶民に課し、さらに戊辰戦争での資金提供を求められた名家では財政が逼迫していく。「あさ」の嫁いだ「加島屋」（ドラマでは「加野屋」）や姉「はつ」の嫁いだ「天王寺屋」（ドラマでは「山王寺屋」）をはじめ多くの両替商は、江戸幕府が倒れたことから九百万両（四千五百億円）という諸大名への貸付金の返済が滞り、証文は紙切れ同然になってしまう。さらに銀目廃止で庶民へ金銀交換を迫られ、ついには、姉の「山王寺屋」は、借財で店終いし、夜逃げの同然の憂き目に。多くの豪商も苦しい経営で没落・倒産が相次いでいく。

つまり、大名や武士は華族・士族として、肩書きは残ったものの特権は剥奪され、秩禄公債をもらった後は、他の国民と同様な扱いとなり、「版籍奉還」と「廃藩置県」で諸藩は借金から解放されることになったが、その借金の棒引きの煽りを受けたのは、他でもない大商人であったのだ。このことからも、明治政府が財源を確保できたのは、武士と商人の犠牲があってこそのものだったといえよう。

商人にとっては、借金の棒引きだけでなく、株仲間の撤廃や自由競争、加えて税金も従来の冥加金ではなく、地租がかけられることにもなり、踏んだり蹴ったりの状況であった。そんななか、「あさ」の実父の三井高益は、東京に本店を移し、新政府に接近、古い両替商から政府御用達の金融業者へと早くも方針転換を図った。これが「三井財閥」の始まりであったらしい。「加島屋」も銀行業（加島銀行）と紡績業（尼崎紡績）にと針路を変え、両替商からの転進を図ることに成功する。ドラマのなかでも、五代友厚らが政府として手をさしのべるところが描かれているが、産業発展の基礎は政府主導であったことが分かる。それが、後に民間に移っていき、発展していくことになった。

「職業選択の自由」や「地租改正」で、農民も以前よりは豊かになり、農業は増収となった。「富国強兵」をスローガンに鉄道建設、殖産興業、会社制度の導入、郵便事業、電信・電気事業と矢継ぎ早に欧化していく都市の姿と、「あさ」が男社会の中で女の存在を見せつけ、時代を先取りしてリードしていく姿は、晴れ晴れしい。女性の実業家として時代を切り開いていく度胸と才覚には、脱帽させられる。まさに女性進出の先駆けであり、ドラマのタイトル通り日本の夜明けに「朝が来た」ことを象徴している存在である。

原作は古川智映子の『小説土佐堀川』だが、そのなかに、こんな一節がある。

「本ばかり読んで、世の中から遠ざかったら何もならへん。本の虫になって、常識のない人間になったらあかんで。生きた学問せなあかん」

筆者にとっては、身につまされる言葉であった。

第三章　古本ミステリー

…夢のなかの古本屋…

「獲り逃がした獲物」

カバーの名句…書を以て心の糧とすべし。金子光晴
（吉祥寺・さかえ書房）

一

今から、四半世紀以上も前の話である。こんな話をするのも、近頃、また似たような夢をよく見るからだ。

夢を見る時というのは、多分に、体調不良の表れであることが多いらしい。最近は、ビールで晩酌をして夕食を摂るとまもなく疲れがどっと出て、眠くなってどうしようもなくなり、二階の寝室へ直行してしまう。布団にごろんと横たわって九時のニュースでも見ると、もう瞼が重くなってくる。それなら、そのまま、よく眠れるんだろうと思われるかも知れないが、そうでもないのだ。目を閉じるとすぐにうとうととはしてしまうのだが、浅い眠りなのか、女房が十時過ぎに階下から上がってくると、もういけない。虚ろうつろとしているなかで、しばらくは話をするのだが、五分も経たないうちに、もう女房は眠りに就いてしまうのだ。それでこちらも、目を閉じて寝ようと試みるのだが、なかなか寝つかれない。うとうとっとしては、目が覚めてしまったりして、ようやっと明け方になった頃に熟睡するというパターンなのだ。眠り方としては、どうも効率のいい方ではない。

夢には、いい夢と悪い夢の他にも、正夢や逆夢というのもあるらしい。思えば、小さい頃からよく夢を見た。夢が、現実になったようなこともあったが、それは、未来を予知するような潜在能力が人間には備わっているからかもしれない。確かに働き盛りの三十代の頃も夢は見たんだろうが、仕事の忙しさもあって、書き留めておくようなこともなかったので、殆ど見なかったと勘違いしているのかもしれない。それでも、特徴的な夢は、今でもはっきりと、昨日のことのように覚えているものだ。

二

その夢のことを話す前に、当時の様子を少し聞いていただきたい。三十代というのは、仕事にまた趣味にと忙しく、かなり無理なこともしていたが、よく両立もできていた（と、今になっては思う）。そこで、まずは、趣味になり始めていたSFや古本蒐集にのめり始める前後の頃の話から始めたい。

実際に、SFに興味を持ち始めたのは遅く、大学時代、それも専門課程に入ってからであった。それまで中高生の頃に何気なく筒井康隆や星新一などは読んでいたのだが、それをあまりSFだと考えるようなこともなかったし、取り立てて興味惹かれる存在でもなかった。寧ろ、当時は太宰や安吾、織田作などをはじめとする無頼派といわれる作家に興味があったり、文芸雑誌などを何冊も毎月買っては読んで、凝った言い回しやペダンチックな習作を投稿したりしていたが、大抵は私小説的・純文学まがいのような作品であった。安部公房が好きであったので、似たような内容で文体を模写したような短編を何回か投稿したこともあったが、何の音沙汰もなかったことから、次第に書くことに飽きて諦めたしまったような気がする。

それが、同じ学部・学科の友人に既にＳＦのセミプロとしても活躍している林という男がいて、彼から影響を微妙に受けたことがＳＦにのめり込み始めるきっかけであったように思う。大学での学問の味気なさに比べると、七十年代当時のＳＦ界は華やかなる世界であった。勿論、今のようなコミケの世界とは若干は異なるものの、プロ・アマ問わず仲間意識が強く、同人活動やファン活動が盛んなことを知ることもできた。ＳＦの世界は、今では一つの文学ジャンルとなって確立してはいるが、当時は、推理小説から派生した荒唐無稽の大衆読み物程度の、どちらかというと、子供っぽいレベルの科学小説という見方が(福島正美らの懸命の努力にも拘わらず）まだ若干は残ってはいたような気もする。堂々と「趣味はＳＦ小説です」とは、大勢の仲間たちの前で言えないような雰囲気もあった。であればこそ、ファンやマニアは固まってグループや同好会を作っては、そのなかで読んで愉しんでいたといったところであった。

とはいえ、外国作品の翻訳ばかりだった六十年代のＳＦの揺籃期を経て、七十年代は日本人作家が同人誌の『宇宙塵』や商業誌の『ＳＦマガジン』などから多数輩出されはじめ、開花期・発展期に突入しはじめた時期と言ってもいいかもしれなかった。

時代は少し前に遡るが、一九七〇年に入って万国博覧会が大阪で開かれ、SFという言葉が、まことしやかに語られ、二十一世紀の未来世界が現実味を帯びたのもこの頃からであろう。そんな時期でもあった。

当時の若者らの活気は学生運動にも表れていた。が、連合赤軍の浅間山荘事件でそれは終わりを告げることにもなった。世の中が騒然としているなかで、小松左京は「日本沈没」を書き、SFという言葉をよりポピュラーなものにした。また、石油ショック後に発表された五島勉の「ノストラダムスの大予言」のシリーズも大いに流行ったが、こういった破滅・終末ものの流行も、大いに十年後、二十年後の未来社会への関心を高めてくれた。

ともかく、SFは宇宙や海底だけでなく時空を超えた世界……それは、将来に何が起こるか分からず、漠然としていた不安があったものの……そのなかに、未来に希望の光のようなものを感じ取ることができた。大伴昌司の描く世界が七十年代であったともいえよう。

さて、学生時代が終わる頃から、このSFというジャンルに興味・関心が向くようになっていったのだが、それは、当時流行り出していた宇宙の大活劇（スペースオペラ）のようなSF作品ではなかった。福島正美がいみじくも主張したような従来型の怪奇・猟奇路線でもなければ、舞台を大宇宙に移しただけの大捕物のような大衆娯楽小説でもない、どちらかといえば、知的なサスペンス・スリラーや新しい波のような実験的なインナースペースの作品の方に興味を持った。思えば、星や筒井にはずっと前から親しんでいたので、加えて平井和正や豊田有恒、山野浩一、栗本薫らの面々が揃いはじめていたこと。そんなこともあって、日本独自のＳＦが活況を呈し始めた頃の作品に多く出会ったことが虜になり始めたきっかけであったのかもしれなかった。

大学が神田にあったこともあってか、パチンコの景品で有斐閣叢書をもらい、古本で授業のテキストを揃え、授業の単位を取得すれば、その古本をまた売りに行く。そして、年がら年中古本屋街をうろついては喫茶店で駄弁っていた。話はやはり、推理やＳＦに関するものが殆どで、あとは映画に関するものなどであった。当時は、洋画・邦画を問わず、週に一回は観ていた。就職のことは、四年になってからで、マスコミ関係の受験だからと、準備などするどころか、全く慌てることもなく夏休みを過ごして、九月になってからやっと、探し始めた。友達の中には既に内定をもらっているのもいたり、公務員試験の二次試験とかで勉強中の者もいたりして、一人だけマイペースであったものの、どういう分けか慌てることもなかった。マスコミ関係の情報誌などを買って読んだこともしたが、不思議に何か自信のようなものがあった。勿論、自信があったにしても、そう易々と大手に入れる分けもなく、惨敗であった。一社だけ最終の役員面接にこぎつけたものの、あと一歩であった。そんなことで、大手の出版社こそ逃したものの、就職先は運良く広告代理店に入ることができた。しかも、制作部で念願のコピーライティングの仕事に回してもらえたわけだから、言うことはなかった。ここでは一年余にわたって様々な業種（デザイナー・カメラマン・モデルクラブなど）に出入りさせてもらい、華やかなる業界の裏も経験できた。

それから程なくして、古書の街・神田の猿楽町にある鉄道関係の出版社に入った。詳しい理由は省くが、これで、学生時代とそう変らずに、古本屋巡りができることになった。

いつも、昼休みは、昼食を牛丼などで短く済ませては、ほぼ毎日のように新刊書店や古書店を彷徨《うろつ》いていた。まず、三省堂やグランデに寄ってはSFの棚の方へ行っては新刊本に目を光らせ、古書店では店頭の百円均一本のなかに過去のお宝を発見しようとした。七十年代も終わりにかけての当時は、SF界は活況を呈していたものの、寧ろ遅れて興味を持ち始めたこともあってか、SF草創期の熱気に満ちた六十年代を読みたくなっていた。それには、和綴じの頃（一九五九年十二月創刊号）以降の『SFマガジン』こそが興味・関心の的であった。この頃から、古本病に憑かれていくようになったらしい。新刊書店よりも古書店の方に、まず足が向くようになっていった。さらに、土日には普段、散策している神田だけでなく、中央線沿線や横浜などにも足を運んでは、色々なサブカルチャー的な雑誌・雑本も含めて『SFマガジン』のバックナンバーや古本を渉猟し始めていた。あそこには、SFのいい古本が揃っているとか、推理・SF関係の雑誌なら、あの店の品揃えは一番じゃないかな、などという話を聞けば、その週末には必ずといっていいほど、そういった店を訪ね歩いていた。

二年余ほど東京での会社に勤務した後、地元の甲府に戻った。これといって取り立てての理由もなく、ただ、中学校の教師の口が空いたのでどうか、と親戚の叔父からの勧めに従っただけであった。デモシカ教師などといわれるが、まさに、そのデモ教師の方の典型であった。しかし、教師もやってみると、それなりに面白く、生徒にSFの話などもしてやり、知らぬ間に何年かが過ぎていた。ただ、SFへの興味・関心は高まるばかりで、部活のない土日には、東京に出ては古本行脚をしていた。そして、地元にEQ（エラリークイーンズ・ミステリ・マガジン）などに寄稿している作家がいることを知ったのも、この頃であった。そんなことで、さらに関心は高まっていった。その作家は小倉正二さんといって、SF草創期の『宇宙塵』の会員でもあり、『SFマガジン』の創刊以前にも色々な雑誌に寄稿、作品を発表しているプロの作家であった。今までは、ただのSFファンに過ぎなかったが、小倉さんを知って何回か、話をしているうちに完全にSFアディクトになりはじめている自分を発見した。その頃は年がら年中、SFのことで頭がいっぱいになっていた。

それから程なくして、小倉さんのやっておられたハガキ一枚に六百字〜一千二百字のSFのショートを載せて発行するハガジンなるものを継承してやっていくことにもなった。いわば、SFの同人誌（ファンジン）を主宰することになったのだった。その頃から自分でも作品を書き始めだしたこともあって、小倉さんの作品は、ウイット、ユーモアに富んでいながら、社会風刺にもなっているシュールなショートで（何冊かの私家本を頂いたが、星新一とは異なった作風は、ある意味衝撃的でもあって）完全に魅了されてしまった。こんな作品を自分でも書きたいと思い、書き始めだした。星新一曰く「ＳＦには創作意欲をかき立てる何かがある」というのは事実だった。何か書かずにはいられないという想い。仕事も忙しくなり始めた頃なのに、よくこれだけの同人活動にも手を出せていたのだと今にしては思う。

三

これからの話は、そんなＳＦの持つ魅力というか魔力に憑かれはじめていた頃のこと、多分、三十代の初めくらいの頃の夢と現実が交錯した不思議体験なのである。

ところで、夢とは、「広辞苑」によれば、

「睡眠中に持つ幻覚。ふつう目覚めた後に意識される。多く視覚的な性質を帯びるが、聴覚・味覚・運動感覚に関係するものもある。精神分析では、抑圧されていた願望を充足させる働きを持つとする」として、古今和歌集（恋）「思いつつ寝（め）ればや人の見えつらむ夢としりせばさめざらましを」が例としてあげられている。さらに、手元のブリタニカ百科事典によれば、次のような記述を見出すこともできた。
「…また、睡眠時だけでなく、覚醒時の空想（白日夢）もある。夢では欲求や不安に基づいて主観的に自由にふるまう傾向が強い。また夢をみているときには脳波や眼球運動に特徴ある変化がみられるといわれる」

夢は、確かに、体調のいい時というのは殆ど見ないようで、精神的に何か抑圧されていたり、調子が悪かったりする眠りの浅い時に見ることが多いようだ。そういえば「夢は五臓六腑の疲れ」という諺にもあるように、熟睡できないで、寝汗をかいたり、うなされたりしている時によく見るような気もする。

当時も、夜中に、なにやら口をもぐもぐさせて喋っていたらしいのだ。女房によると、何だか気味が悪くて、起そうと思ったらしいのだが、急に何やら笑みを浮かべているので、いい夢でも見ていては……と遠慮して、起さないでそのままにしておいたのだそうだ。そんな時こそ、起してくれれば、すぐに書き留めて、夢の正体をつかむこともできたであろうに惜しいことをしてしまったと思った。

とはいえ、夢の途中で起されては、話が尻切れとんぼに終わりかねないし、寝覚めは良くないに違いないから、これからそんな時があっても、そのままにしておくようにと女房には頼んだ。それにしても、口をもぐもぐさせて喋っていたようだと夢をただ見ているだけではなく、若干は夢遊病者的なところもあるのかもしれない。

よく、夢には色などはついていないモノクロームの世界だといわれるが、いつも見る夢は実際に、はっきりとカラーで、まさに乱歩のいう「うつし世は夢、よるの夢こそまこと」というところを地で行くような極めてリアリティーに富んだものが多いのだった。朝、起きた時に、なぁんだ、夢だったのか、と思わないではいられないほどに、しっかりと記憶に留めているのだった。また、往々にして支離滅裂で、現実にはあり得ないような展開で目覚めてしまうことが多いのが普通らしいのだが、例え、尻切れトンボに終わるとしても、筋が通っていて、話のはじめと終わりが一貫しているのだった。だから、こういう時は、起きるとすぐに書き留めておく。何があって、どうなったか、というようなことだけではなく、登場人物（現実にいる人や夢の中だけに登場してくる古本屋のオヤジさんやおばさん）やその他、背景になっている景色やエキストラ的な人物も多くいて、それらも現実と酷似していて厄介なのだが……。

このようなことは、めったにないことなのだが、あの当時は、不思議な世界が毎日連続して現れてくるのだった。だから、毎日、昨日の続きが見られますようにと、自然と、就眠儀式というか、おまじないをするようにもなっていた。西洋では仰向けになって寝ると、悪魔に囁かれるとして、横向きに寝るようなのだが、こちらは敢えて仰向けに寝て手を胸の上に置いて、昨日の夢を辿っていくようにしていた。あの時は、そんな風にしてある意味、必死で「今日も、昨日の続きの夢が見られるように！」と念じながら目を閉じるようにしていた。そうするうちに、自然と眠気が襲ってきて、うとうととしていくといった案配なのであった。

そして、眠りに入っていく。しばらくすると深い眠りと浅い眠りが相互にさざ波のようにやってきて、徐々に、ゆっくりと、夢の世界へと導いてくれるのだった。

四

まずは、その世界、いやそれは、全く夢とは感じさせない世界なのだが、そこから話さなければなるまい。

それは、古本蒐集に血道をあげはじめていた頃でもあってか、いつも地方にいるハンデを感じないわけにはいかなかったことが影響していた。夢でも最初は、そんな東京の古書店とどこか地方の街外れの書店や古本屋が渾然一体となって出てきて、目まぐるしく歩き、最後にはどっと疲れが出て何の収穫・戦果もあげられずに虚しくなって、目が覚めるという、余りいいパターンとはいえないものが多かった。

東京に勤務していた頃に比べると、地方はいかにも貧弱な文化的状況でしかなかったのも事実である。新刊の大型書店が少ないのはやむを得ないにしても、古書店・古本屋の少なさ（県都でありながら、僅かに六店、あと少し離れた町に細々と営んでいた一店のみといった状況で）しかも、本の回転率は低く、月に一度覗いても、旧態依然で全く代わり映えがしないのである。

そもそも、地方では古書店に立ち寄る客は殆どいないといっていい。いつも閑散としていて寂しい。一番の購入者であるべき大学生の絶対数が少ないし、地方の国立大には人文系の学科がないのも大きい。あっても少ない人数で、しかも小さな地方私大では、古書店に立ち寄る学生がいないのは無理なからぬところであろう。それに比べれば、東京の神田周辺にはレベルの高い大学も多いし、本郷や早稲田などにも古書街があるのも同様な理由によるのだろう。本・書籍の量と知識レベルは相関関係にあるのは間違いないように思われる。まぁ、東京には全国の四分の一もの学生が集まっているのだから、レベルも高ければ絶対数も比較にならない程多いのだから無理もない。どの古書店にも人だかりがしていて、知的な若者の活気に満ち溢れているのだ。地方の小都市と東京などの大都市との格差は広がるばかりであろう。尤も、神田は東京近郊はもとより、日本各地から本を求めて渉猟してくる研究者、作家、学者、学生などはもとよりビジネスマンなどもいるし、海外からの観光客さえも多く賑わっている。世界からは、マニアやオタクといわれるような連中が専門書や稀覯本などを求めて集まるのだから無理もない。比較自体すべきではないのかもしれないが……。

今日のように、白っぽい新刊に近い雑本・マンガ本ばかりではあってもブックオフが、何軒も地方にもできているような状況と四半世紀も前では大違いなのだった。サラリーマンをはじめ中高生もブックオフには集まるし、古本には全く縁のない女性陣や老人までをも取り込んだシステムはやはり革命ともいえる。そのおかげで、一般書籍しか扱っていない地方の古書店は、殆どが潰れていった。郷土資料とかに専門化している店だけは何とか生き延びてはいるものの、そう長くはなさそうだ。

そんな、地方の、ある古書店との出会いが、夢の中でのことがきっかけで出会えたのだから何ともいえない。生まれてから東京で学生とその後に二年余勤めた七年間を除けば、地元での生活が殆どである。何もかもとは言わないまでも、本のことでは知り尽くしているつもりだった。しかも、まめに新古書店まがいのマンガを中心においた古本屋でさえも、覗いてはチェックしていたのだ。だから、未だに知らない古書店なぞが、少ない人口の甲府の街にあるはずもないと思っていた。

ところが、である。夢の中に、かなりはっきりと、郊外の住宅地の中に僅かながらの商店街が点在している夢を見たのである。しかも、その商店街の中には数軒の古本屋があったのだ。が、それぞれ場所は離れているので、二軒目から三軒目に行こうとするところなんかで、やはり目が覚めてしまうのだった。地方では、古書店は細々と営業していて、まさに場所も駅から離れた、しかも裏通りなんかにあるのが普通であって、一、二軒でも近くにあればいいのだが、そうはいかない。夢とはいえ、かなりの距離を歩かねばならないので、健康にはいいのだろうが、疲れるのも確かである。起きたときに、その疲れを足腰にズッシリ感ずることさえあるのだ。それでも、徐々にお目当ての本や雑誌の存在までもが、はっきりと認められるようになってきて、二軒目の顰《しか》めっ面のオヤジとはどうにか話ができるようになっていった。が、一軒目の古本屋のばあさんとは、どうも話をする雰囲気ではなく、外から見ては素通りするだけで、終わってしまっていた。中にまで入ってみようと思うこともなかった。ただ、何となく本や雑誌がうず高く山のように積まれていて、こんなに整理の行き届いていない古書店も珍しいと思いつつも、何かめっけもんがありそうな匂いがした。裸電球が二、三個、軒下に吊るさってあるような場末の夜店のような古本屋であった。こんな漠然とした町を一人でこれといった目的もなしに何となく渉猟しつつ、時に昔や今の仲間や同僚が顔を出しては彩りを添えてくれる。

夢を見始めた頃の当時は、はっきりとした目標、つまりこの本を特に手に入れたいといったものがなかったので、夢遊病者のようにただ、彷徨するのみであった。時に、あ、あの時見た本があった、買い損ねた本が売っていた、せめて中身でも見ておけば……などというような後悔が目覚めてから起こった。

そんな風にして、しばらくは過ぎていった。それが、より鮮明になっていったのは、間違いなく、こちらが欲しい書目、本や雑誌のタイトルや号数がはっきりしはじめてからだ。大体、二軒目のオヤジのところに来ると、どういうわけか、それらのタイトルの本が目に入ってくるのだ。

「これは、確か……同人誌の『宇宙塵』の創刊号ではないか！」と思わず、声をあげるようなこともあった。いつも目覚めてから、せめて、手に取ってみれば良かったものをと切歯扼腕するのである。そして、夢の中でありながら、より具体的に書物や雑誌名が見えてくることがあるのだ。

そんな風な夢が、何日か続いた後のことであった。

「なにーッ！『ＳＦマガジン』の昭和三十四年の創刊号から二百号までの揃えが一括で、四九八〇〇円とは！」と思わず声をあげてしまった。（一冊三百円もしない額である！）

夢のなかでも、こういった風に時として大きい声を出しては、女房に肩を揺すられたり、自らの声でハッと起きてしまうことがあった。今回の場合は、明確に正札が見えたためであった。さらに、棚を見ていくと、同じく『宇宙塵』の創刊号から百号までもがあって、これにも、確か破格の値付けがしてあった。共に、神田や早稲田に行ったり、古書目録なんかで、何とか大半は所持してはいるのだが、なかなか、全てとなると揃わない号数のものがある。それに、欠号に限って、一冊の値段も高く、数千円の値札が付いていることもあってか、手がなかなか出ない。それが、何とセットでこんなにも安いとは！　地方には、東京に出ないで眠っているお宝本があるのだと、今更乍らに気づいた。四九八〇〇円という金額は、安いのは確かだが、とはいえ、そう簡単に買うという分けにもいかずに……迷っていると、目が覚めてしまっていて、手付けだけでもと、思わずにはいられない悔しさを味わった。

五

そんな夢をよく見ていた頃である。日曜ともなると、甲府の市内の中心部から郊外に向かって流れる荒川の土手をサイクリングするのが、気分転換でもあり、趣味となっていた。金もかからず、風を感じながらサイクリングロードをゆっくり走っていると、息抜き以上にリフレッシュした気持ちになれる。取り立ててスポーツなどは、やらない性質《たち》だから、ウォーキングやサイクリングくらいが合っているのだ。

しばらく、ペダルを漕いで行くと、どこかで見たような風景が広がっているのに気づいた。

「そうだ、間違いなく、あの街だ！」と呟いたが、まだ、半信半疑。

「あの夢の世界が現実ともなって現われるなんていうようなことがあるんだろうか？」自分に問いかけずにはいられなかった。しかし、まもなくそれが、あの夢の中に出てくる古本屋の街と、真《ま》そっくりなのに気づいた。

いつも職場へ行く時に通ってはいても、クルマで忙しく走らせているので、そんな風景があったとは……全く気づくようなこともなかった。それに、県道から少し離れて細い道に入れば見慣れた風景でさえ全く違って見えるのだ。自転車をゆっくり走らせて見える風景に、こんな功徳《くどく》があるのかとも思って、飛び上がるような気持ちになった。歩いたり、自転車を漕いでみたりするようなゆっくりした目で見なければ、肝心のものを見落としていることも多々あるんだろうなと思った。

夢で見たとおりとすれば、あの古本屋は、きっとそこの角を曲がれば、角にカレー屋の看板があって、そこの店の隣、二軒目にあるに違いないのだ。すると、豈図らんや。まさに時代遅れの裸電球が二、三個吊るしてあって、あのばあさんの場末のような店を発見できたのだ。まさしく、この場所にあった。夢の再現だった。相変わらず店の前の平台にはうずたかく本や雑誌が無造作に積まれてあった。これも、夢と同じで、途中から取り出そうものなら、全てが崩れて倒れかねないような案配だった。

嬉しくはなったが、夢の中では口をきいたこともないばあさんなので、口ごもってしまい、ちょっと会釈をして中に黙って入ってみた。今更、話す気もないし、冷やかしてみるくらいの気持ちで本を眺めに入ってみた。夢の中では奥行きが余りなさそうで、間口も二間くらいで広さも十畳くらいの小さな書店だと思っていたが、結構なかは広く、二〜三倍くらいはあった。入ってみると表とは打ってかわっていてきちんと書棚は整理されてあって、右手には推理関係の書籍が置かれてあった。単行本のなかには、洋書もかなり交じっていた。早川のポケミスやＳＦシリーズだけで一つの大きな書棚を占領するほどあった。

さらに、その書棚の並びには、ＳＦ関係の書籍が続き、次の書棚にはＳＦ雑誌がそれこそ、多く並んでいた。東京の専門書店でも見たようなことのないほどの量であった。若干、整理が行き届いていない感じはしたが、ＳＦ関係の雑誌が『ＳＦマガジン』以外にも『奇想天外』や『ＳＦ宝石』、『ＳＦアドベンチャー』、『ＮＷ・ＳＦ』などまでが、そう、七十年代から八十年代にかけて隆盛期を極めた頃の雑誌がきら星の如く並んでいたのだ。

なかでも『ＳＦマガジン』はやはり一番多く、棚二つを占領していた。見れば、一応は年代順には並べてはあったが、月の号数は乱れていて、直したくなる気にもさせられた。そして、『ＳＦマガジン』の揃いは一括して最下段に紐で縛ってあった。定価はと見ると、夢の中の二軒目の古本屋のオヤジのところで見た時と全く同じ正札がついているではないか。四九八〇〇円。間違いなかった。こんな偶然があるのかとは思ったものの、こんなチャンスは二度とないと思って、即決した。が、自転車で来たこともあって手元の財布には千円札が一枚に小銭しか入っていなかった。が、どうであれ、これは現実なのだから、こんなラッキーチャンスをみすみす逃す手はない、とすぐ交渉に入ることにした。

何しろ、こういう雑誌類というのは、全ての号を欠などなくに揃えて初めて価値が出てくるし役に立つ。連載なんかは、その号がないために、前後の脈絡が分からなくなってしまうことも多い。手付けとしては心許ないが有り金の全部を出してみた。すると、ちょうど千五百円はあった。かなり少ないけれど、紙の切れっ端に、「千五百円受領。ただし雑誌『SFマガジン』一式の代金四九八〇〇円の一部として」と書いてもらい、一応ばあさんに署名捺印してもらった。そして、すぐに残金を持って来るからと言って、事情を話した。すると、

「あまり売れるもんじゃないから。いいですよ。取っておきますよ」とはじめて、あのばあさんの嗄《しゃが》れた声を聞いた。夢の中ではちょっと躊躇《ためら》って口もきかずにいたのだが、話してみれば、そんな偏屈な人ではなく、いい人ではないか。愛想がいいとは言えなくても、いい返事をもらったことで、一安心した。

そこで、慌てて帰るまでもないと暫くは奥の方の棚も覗いてみることにした。すると、これまた、歴史関係の書籍があって、郷土資料関係の単行本も割合多くあった。『甲陽軍鑑』や『武田三代軍記』など武田氏に関わる書籍が半分以上を占めていたが、こちらとしては、それより『歴史の旅』だとか『歴史読本』などの雑誌類の書棚の方に目がいってしまった。優に棚二ッ分くらいはありそうで、そこに、バックナンバーの特集号がズラッと並んでいる。歴史は学校で教えている専門教科だし、戦国時代はともかく幕末維新の動乱期への興味は尽きないものがある。それに、どちらかと言えば、雑学派の方であるから、「歴史の闇」とか「幕末の謎と怪異」といった特集号には、ついつい惹かれてしまう。生徒達へも、ちょっとした小話を入れてやると歴史嫌いな女生徒達でも飽きないで食いついてくる。そんなこ

ぼれ話のネタを探すのには、こういった雑誌類がすこぶる役に立つし、何しろ興趣尽きないものがある。そんなことで、これらの雑誌類を引っ張り出してはパラパラと頁を繰っていると、時間の経つのも忘れてしまっていた。時計を見ると既に五時を回っていた。慌てて、「今から家に帰って戻ってきたいんですが……それでも、いいですか」と言って外へ出ようとすると、

「さっきにも言ったでしょう。今日はもう閉めますから。いつでも暇な時にいらっしゃい。あの雑誌は取っておきますので、心配なさんな。大丈夫ですよ」と、親切にばあさんは言ってくれた。

「それにしても、五時閉店は早いですね」と言うと、

「この辺じゃ暗くなりかけ始めるともう、誰も寄ってはきませんから。電気代もばかになりませんからね。私も歳で、面倒になったんで、早めに店を閉めるんですよ」と。確か裸電球が二、三個、夕暮れに近い頃だったと思うが、夢のなかでは赤々と本や雑誌を照らしていたことを想い出して、

「昔は、結構、夜も遅くまでやっていたんでしょ」と訊いてみると、

「昔は、この辺でも人通りも多かったし、寄ってくれる人もいたけど、今は、そんな人はいないしね。それにウチには駐車場もないから、クルマで来るような人は、ブックオフなんかへ行っちまうんじゃないかね」と。なるほど、と妙に納得してしまった。まぁ、地方

で古書店を営んでいくのも経済的には大変なことも理解できた。（それにしても、このばあさんと話していた頃には、ブックオフなんかが、果たしてあったのかどうか？……今でこそ、地方の小都市にもあるが……果たして、四半世紀以上も前に？……あの時の会話を正確に覚えているる分けではないが、確かそんなことを聞いた覚えがあったと記憶していたが、こちらの勘違いであったか？）

「分かりました。では、明日は夕方来ようと思うんですが、いくら早く仕事を切り上げても六時は過ぎてしまうようなんですけど。どうしたら、いいですか。事前に電話でも……」と言うと……、

「明日は、月曜だからいつも休むんで、明後日にしなさんな。」と言われたので、そんなに慌てる必要もないしと、火曜に来ることに決めた。

「それにしても、いい本や雑誌がいっぱいあってビックリですよ。東京にもこんなに、推理小説やＳＦが揃っていたり、雑誌のバックナンバーがこんなに沢山あるっていう店は少ないですよ」と言うと、

「一昔前までは、ウチの主人がやっていたから、そういった関係の本に力を入れて仕入れていたんでしょうが、もう、今はあの時に仕入れた本を売ってしまえば、終わりにするつもりなんですよ。仕入れなんかはしていませんし、八十歳にもなるわたしが一人でやって行くには、こんな小さい古本屋でも手に余るんですよ」と話してくれた。仏頂面のばあさ

んと思いきや、結構、いろいろ話してくれた。外見では、ちょっと躊躇《ためら》ったが、積極的に話してみれば、そんなに気むずかしい人ではない。

ともかく、もう、時間も遅いし、腹も少し減ってきたような気もしたが、そう言えば、ここに一軒目があるのなら、二軒目の、そうあのオヤジのやっている古本屋も近くにあるはずだからと思って自転車を走らせてみた。ところが、どういう分けかオヤジの店はどうしても見つけることができず、その辺りを何度も彷徨《うろつ》いてしまって、結局見つからずじまいだった。ともかく不思議な話だ。夢の中では、一軒目と二軒目の古本屋は、そう遠く離れてはいないはずであったのに……。

帰宅して、早速、夢で見た古本屋が現実にあったといったことや『SFマガジン』の揃いを買ったことを女房に話すと、

「そりゃ、良かったじゃない」のつれない一言。まぁ、我が古本が書斎だけではなく、二階の納戸や子供部屋にまで進出して、ついには、寝室のベッドの脇にも十冊以上の本が積まれるようになったのだから、気に入らないのも当然なのかもしれない。女房には、買ってきたり、苦労したりして手に入れた本のことを話すと、突如ご機嫌がナナメになる。それでいて、こちらとしては黙ってはいられず、話してしまうというのも確かなのだ。そして、いつも女房からは、

「どれだけ読んだの⁉　毎日のように本を買ってきたり注文を入れたり、それでいて読んでいるところなんか見たことないし……」と言われる始末なのだ。が、確かに当たってていないこともない。読むよりは買ってくる本の数の方が圧倒的に多いのだ。それでも、我が心は獲物を獲得したライオンのように弾んでいて、ご機嫌がよかったのであった。

「今日は、とっても幸せそうで結構なことね。パチンコで大負けして、ご機嫌ナナメで家族がトバッチリを受けるのに比べれば、まだ、ましかもね。それに、今日は運がいいらしいわよ。お父さんの好きな刺身の盛り合わせと焼き鳥を買っておいたんで、どうぞ」と。

「ありがとう、今日はきっと、ついている男、いや、つきまくる男かな」と、妙にはしゃいだ気分になって、ビールを三本も空けてしまった。

ただ、気にはなっていたことがある。それは、二軒目のオヤジの古本屋が発見できなかったことだ。どこへ消えてしまったのか。間違いなく、夢で見た通りの街並みであることは確かだし、一軒目と二軒目の古本屋は、さほど遠くない処にあったはずなのに、だ。

風呂に浸かりながら、再度、今日辿った道を頭の中で描いてみた。適度なアルコールで、もういい気分になっていたものの、風呂から上がると書斎に入って、地図で確かめてみたくなった。この辺りに間違いはないと、印をつけた。上里中町三丁目二十八番地。この辺りがあのばあさんの店だが、どうしようもない。あのオヤジの店が、このちょっと先にあるのだが、そこがどこら辺なのか。さすがに、所番地までは夢の中には出てこないが、今日の夢に賭けてみるしかないか、と呟いた。

「絶対に、今日行った上里中町の夢を見させてくれますように！」と、声に出して、祈りを込めて、両手を胸の上に置いて目を閉じて更に念じた。こんな簡単な就眠儀式ではあっても、夢を見られるのだから不思議なのだが、果たして、今日のばあさんの古本屋辺りの街と同じところに辿り着けるのかどうか？　……とは思いつつも、目を閉じるとすぐに眠りの世界へ引き込まれていったようだった。

ところが、ビールのアルコールが効いたのかどうか、就寝前の若干の不安が当たってしまった。朝までそれこそ、ぐっすりと眠ってしまったのだ。起きたときには、気分スッキリはいいのだが、昨日のサイクリングの適度の疲労が出たのかどうか、全く夢の一欠片も記憶には残っていなかった。いつもなら記憶のどこかに、何かしらの痕跡を留《とど》めているはずなのだが……もうこうなっては致し方ない。明日に賭けるとしようと、その日は出勤した。その日の帰宅は夜の九時を回っていた。生徒指導が入ってしまったためだが、忙しかったために、すっかりあの古本屋のことなど忘れてしまっていた。どっちにしろ、今日は、ばあさんの店は休みなんだから、まぁ、いいと。それより、今日こそ、夢をきちんと見て、あのオヤジの古本屋を訪ねる道筋をしっかり覚えておこうと思った。ビールは控えて、ナイトキャップに赤ワインを一杯だけ飲んで寝た。胸の上に手をのせてする就眠儀式は、より丁寧に時間をかけて行なった。

「是非、あの古本屋にまた連れて行ってください」と、頭の中で何回も唱えることも忘れなかった。しばらくして、夢見心地になった。眠りが浅くまどろみの境地になったのだが、それは急にトイレに行きたくなったためだった。目が途中で覚めてしまい、それからは目を瞑って念じたものの、却って目が冴えてしまい、全く眠ることができなく、朝を迎えてしまった。如何ともしがたいが、結局、どうしても夢は見ることができなく、起床せざるを得ない時間になってしまった。もう、やむをえまい。今日は駄目だと観念して、さっと切り替えることにした。いつもなら、こんなに苦労せずに、就眠儀式なども簡単にあの世界に入っていけるのに、どうも、思い込みが強すぎて却って、それが邪魔をしているのだろう。

それより、今日の帰りは、早めに切り上げて、あのばあさんの店に寄って『SFマガジン』の揃いをもらって帰ることにしようと決めた。それには、昼休みに臍繰りの小遣いから五万円をおろしておくことも、忘れないようにとメモしておいた。

「今日も、ついている男であるように」と一人呟いて、出掛けた。授業や部活指導も順調に進み、若干早めだが、時間休を取らなくても、少し早めに出させてもらえばと思い上司に話すと、十五分位いなら構わないとのことで、早く帰らせてもらうことができた。

ところが、早めに職場は出たはずだったのだが、丁度、出口のところで、久しぶりに以前同じ職場に勤めていた同僚にバッタリと遭ってしまい、折角の十五分は帳消しになり、しかも、生憎の渋滞もあって、店に着いたのは六時を完全に回ってしまっていた。「泣きっ面にハチ」、「弱り目に祟り目」とはこういうことをいうのだなと思った。どうも、今日は「ついてない男」だったようだった。店は入り口の戸の鍵がかかっていて、カーテンも閉まっていた。明日また出直そうかとも思ったものの、それでもと、戸を叩いて何回か呼びかけてみたが、返事は全くなかった。どうも、あのばあさんは、この店には居住はしていないらしい。すると、隣のカレー屋の女将さんらしき人が出てきて、

「おばあちゃんは、もう五時きっかりには、戸を閉めて帰ったみたいですよ。来るんなら、昼の方が確実ですよ」と教えてくれた。

「やはり、今日は、ついてない男か」と二度、呟いた。そして、僅かだが手付けは打ってあるし、慌てる必要もないと、翌日に来ることにして、帰宅することにした。

さて、あの日曜日から今日まで、三日目になるというのに、夢を全く見ていない。今日こそ、集中、いやリラックスしてゆっくりと眠ろう、と早々に夕食を摂って、二階へと上がった。本をぺらぺらとめくったものの、どうも気になって、活字が頭に入っていかない。「テレビでも見ながら寝るか」とスイッチを入れて、横になっていると、何だか知らないうちに眠りに就いてしまったようなのだ。そして、就眠儀式もしないのに、あの夢の世界へとごく自然に導かれていったような気がしている。そう、これは、三日目だったことは、今でもしっかり覚えている。何しろ、こんな忌まわしい夢など見たこともなかったからだ。

それは、眠りに就いてまもなくの頃だったのだろう。あのばあさんの古本屋が目に入ってきた。ところが、そこには、あの二軒目のオヤジがいるではないか！　どうしたことだろうと思って、様子を窺っていると、どうやらあのばあさんと揉めているのだ。耳を澄ませて聞いていれば、どうも、あの一括りしてある『ＳＦマガジン』のことで揉めているようなのだった。こちらも僅かだが手付けを打って、明日にでも残金を払いに行こうと思っていた時だけに、気になって成り行きを観察することにした。すると、オヤジの怒鳴る声が聞こえてきた。

「他人の店から盗んだモノを売って、どういうつもりなんだ！　そこの括られてある『ＳＦマガジン』は、ウチの商品だぞ！」という声が聞こえてきた。ばあさんも負けじと、

「ウチの店は、他人様から商品を盗んでまで売るような商売なんかはしないわよ。変な言いがかりをつけるんじゃないよ」すると、オヤジも負けじと、

「こちらには、証拠がある。オレの商品である証拠には、その正札をよーく見てみい。このオレがマジックで書いたもんなんだ。どうだい」もう、文句は言わせないぞ！　という怒りと決意が漲《みな》ぎっているようだった。

そういえば、確かに、最初に四九八〇〇円の正札を見たのは、間違いなくあのオヤジの店であった。その正札も間違いなくあのオヤジの店のと同じなんで、こちらとしてもビックリしたわけだ。しかし、現実的には、あのばあさんの店に置いてあったのも事実。何だ

か、話がややこしくなってきた。たまたま同じ『ＳＦマガジン』の一括りがあったとしても不思議ではないが、気になるのは、あのオヤジの手で書かれた正札ということだ。それは、間違いない。そうなると……、まさか、あの八十のばあさんに、盗みができるわけはないし……。するとばあさんも反論した。

「あの一括りは、ウチの旦那が生きているときに紐でいわえて一纏めにしたもんだから、正札に書いてある字は、ウチの旦那のもんで、それは、女房であるウチが間違えないと言ってるんだから、それ以上は文句のつけようもないじゃないかい。それでもって言うんなら、警察に被害届けでも何でも出したら、いいじゃないか」と。険悪な雰囲気になってきたが、警察なんかに入られたら、折角こちらが手に入れたものが台無しになりかねない。

……ところが、夢はこれでプッツン。この後の記憶は全く残ってはいなかった。あのオヤジが警察に被害届けを出したのか、そしてどうなったのか、分からずじまいだった。

翌日は、夢で起きたようなことが起こらないうちに、手に入れてしまおうと、昼休みに時間休をとって、ばあさんの店に行った。ところが、店は相変わらず、閉まったままになっているのだ。仕方ないので、隣のカレー屋に入って訊いてみると、これまた妙なことを言うのだ。

「確かに、ウチの隣に古本屋さんがあったのは間違いありませんや。でも、それは十年も昔のことで、それ以来、ずっと戸締めで空き家になっていて、店の中も人が住んでないから相当傷んじまっているんじゃないっすか」と、そこのマスターらしき男は言った。

「冗談じゃない。こっちは、ついこの前の日曜に、ここの古本屋でばあさんに会って、雑誌の揃えを買って、手付けまで渡したんだ！　そんなバカな話があるか！」とつい怒鳴ってしまった。

「いやー、そんなことはないっすよ。絶対に」と主張してくるんで、

「だって、お宅の奥さんにも会って、昼来れば店は開いているって聞いたんですよ。それも、昨日にね。だから、こうして時間休まで取って来ている」と言うと、

「冗談はよしてくれ。オレは、ここんとこ、ずっと独り身のやもめ暮らし。脱サラでこのカレー店を立ち上げたんで、女房なんかここ十年はいませんよ。ずっとチョンガーのまま。バイトも雇ってはいませんからね……」と。

　全く分けが分からなくなった。

「しかも、隣の店っていうのは、昔だけど、確かじいさんがやってたんじゃなかったかな。ばあさんなんかいたっていうこと聞いたこともないですよ、旦那。何か勘違いしてるんじゃないの？」

　全く、狐につままれたような気分だった。十年も前からずっと空き家？　そんなバカな話があってたまるか。何しろ、こっちは僅かだが手付けだって渡してあるのだ。そうは言っても、仕方がない。が、今日は仕事なんかできる状態ではない、とすぐに電話を職場に入

れて午後は休みにした。

　ともかく、納得がいかなかった。夢で見た古本屋ではあったが、それは現実に存在もしたし、何しろ手付け金も払ってはいるのだ。夢のような話などといって済まされる問題ではない。あの時ほど、本気だったことはかつても今もない。ともかく、空き家になっているというのだがガランドーというほどでもないらしい。店内を見せてもらいたいと思い、カレー屋で訊いた空き家を管理している不動産屋に頼んで店の鍵をあけてもらった。店に入ってみると、何と、本や雑誌が、つい四日前に見た時と同じように並んでいるではないか！　多少、戸が閉めっきりだったためか、黴臭い古本特有の匂いはしたが、目の前には、あの時に約束して手付けを払った『ＳＦマガジン』の揃えが紐で括ってあったのだ。間違いではなかったし、夢でもなかったと。ともかく、それを見ただけで、ホッと安心した。やっぱり、あったのだ。不動産屋に事情を話したものの、家主もいない以上、勝手に中のものを動かすことはできないと言われ、仕方なく帰ることにした。

　翌日、不動産屋から電話があった。店内のものを全て処分するというのだ。仕方なく、半休をもらって駆けつけた。これらの本や雑誌類をゴミ屋に来てもらって片付けるという話だった。そこで、

「そんな、もったいないことはしないでください。ゴミ屋なら、それこそ二束三文ですよ。わたしが、ゴミ屋で出す値段より高く全部買い取ります。どうですか？」と、思いあまっ

て言ってしまった。すると、

「そりゃ、有り難い。ただし、ここ二、三日中、遅くとも週末くらい迄には片付けてください よ。この古本の山の値段は近くのゴミ屋に聞くんで、そしたらお宅に電話しますけど、大した額にはならんでしょう。五万か六万っていうところじゃないかね。それにプラス五千円でもしてもらえば、こっちは大助かりでさあ」と。そんな値段で貴重な本や雑誌が、捨て去られるのでは余りにもったいない。『SFマガジン』にしろ、『歴史読本』にしろ、どれもこれも興味は尽きない。とはいえ、思ってもいないことを口に出してしまった、とも反省した。小さい古本屋だが、軽トラ二、三回で運べる分量でもなさそうだ。とても我が家に、そんな大量の本の置き場所はないし、いくら貴重な本や雑誌とはいえ、よくよく見れば古本に古雑誌に他ならなかった。

もし、これを買って持っていたとしても、古書価値の出るようなものは僅かでしかない。自分で発した言葉に後悔した。とはいえ、今更、要りませんとも言えないし、女房には、どう説明をしたらいいのか。それより、差し当たって置き場所はどうしたらいいのか。運び出すのだって一苦労だし、とても、一人でできるシロモノではなさそうだ。保管場所となれば、トランクルームもないわけでもないが、かなり遠くになってしまうし、保管料も毎月、相当な額になってしまう。ネットでも、右から左へと捌けるシロモノでないことは、分かりきっているし……。バカなことを口走ってしまったものだと、つくづく後悔した。

もう、不動産屋に謝罪するしかない、と観念した。が、電話番号を訊いておくのを忘れた。帰宅した後で、しまったと思い、電話帳で片っ端から近所の不動産屋にかけてみたが、だめだった。その日は、全くの「ついてない男」だったのだ。精神的に疲れるとは、こういった状態になることなのだな、とはじめて思った。

翌日、また職場に電話を入れて、二時間ほど休むことを話した。不動産屋の名前や電話番号をきちんとメモしてなかったことが祟った。結局、またカレー屋に訊いて、不動産屋と話をつけるしかないと、家を出た。

六

……ところが、ところが、である。こんなことがあるのだろうか、あのカレー屋、古本屋、あの商店街がそっくり消えてなくなっていたのだ。あの地図でも確認した「上里中町三丁目二十八番地」という地番がないのだ。一面の原っぱと土手。県道から入った細い道の先は、雑草が生い茂り、途中でアスファルトの舗装はなくなって土と一体化していた。行き止まりにこそなってはいないが、道の角にあったあのカレー屋は存在の欠片すらもなかった。

一昨日は女将さん、昨日はチョンガーのマスターと日替わりに主を替えた店は四日目にして原っぱになっていて、その先は荒川の土手になってしまっていた。カレー屋の隣の古本屋も、その繋がりの商店も当然に、この地上より消失しているのだ。狐につままれた、どころの話ではない。これが正に夢ではないのかと、頬を思いっきりつまんでみたが、痛さは現実だった。これが夢ではないのならば……。

一体、どうしたことかと、何度もその附近を歩き回った。が、痕跡らしきものすら発見はできなかった。近所の人に尋ねても、カレー屋も、古本屋もいわんや商店街があったなどということは聞いたことはないとのことだった。細い道の先は、いずれ開発されるだろうが、今のところは何の計画もあるような話も聞いたことはないと。この今が、幻影（いりゅーじょん）なのか？　それとも……。

これで、三度、狐につままれたことになる。今までのことが、全て幻影だったのか？実際に、サイクリングで見つけた古本屋に『ＳＦマガジン』の創刊号から二百号までの揃い一式を、この目で見たことが、全て幻だったというのか？　しばらくは、細い道の奥に広がる原っぱに立ちすくんでしまっていた。ただ、サイクリングロードだけは、ちゃんと土手の下に伸びていた。

それでも、何かホッと安心した気分になったのも事実だった。

「なくなって良かったのかもしれない」と、一言呟いた。あの『ＳＦマガジン』の一括四九八〇〇円は惜しいことをしたし、僅かではあるが手付けの千五百円は損したが……。

まぁ、山のような本や雑誌はどう処分したらいいのか、暗澹たる気持ちになって頭を悩まし、夜も殆ど眠れなかっただけに、その点に関してだけは何かホッとしたというのが、偽らざる気持ちではあった。ともかく、いつも安モノ買いをしては損をする性質《たち》であるのが、祟った。それに今回ばっかりは、あまりに大量過ぎた。あの本の山で悩んでいただけに……。

それにしても、今日は、ついているのか、ついていないのか、よく分からない一日だった。

帰宅してから、この五日間にあったことを、事細かに女房に話してみた。すると、「これで、もう、古本や雑誌類を集めるような気も起こらなくなったんじゃない。もう、諦めなさい」と。半分くらいは、確かにそんな気分であったのも確かだった。それにしても、地図を広げ再度、上里中町を見ても、印を付けたところさえもなくなっていた。

それでも、なかなか揃わなかった『SFマガジン』の創刊号〜二百号一括りが、今はちゃんと、我が書斎の書棚の一番下に置いてある。あの忌まわしき思い出の時から十年後、何とあの上里中町に古本屋ができたのだ。しかも、その店の一番下の段に、一括りしてあったのだから、偶然とは恐ろしきもの也《なり》というべきか。

この話は、物語ではなく、筆者の体験したまさにノンフィクション。その魔可不可思議なる世界をここに紹介したわけだが、如何でありましょう。本当に奇妙であり、不思議な体験なのだが、人に話しても馬鹿にされて終わり……。夢と現実との往来。しかも購入しかけただけに、あと一歩のところで、獲り逃がしてしまった獲物は大きかったと言わざるを得ない。

今でも、時に裸電球が二、三個吊り下がっているだけの場末の古本屋が夢のなかに出てくる。そして、結構、愉しませてもらってもいる。

乱歩の「うつし世は夢、よるの夢こそまこと……」は真実なのではあるまいか。

第四章

SF私小説
……神田わが町……
「懐かしの喫茶店」

カバーの名句……よく味はふ者の血とならん。　武者小路実篤
（東京・文鳥堂書店）

—

息子の専門学校探しで、久々に神田・お茶の水界隈を訪れたのは、去年の二月も終わりにかけてのことだった。

上山にとっては、神田といっても神保町以外を歩くのは、三十数年ぶりの出来事なのだ。上山も、大学が駿河台にあったことや、SFや推理の古本蒐集が趣味であったりしたこともあって、神保町へは何度となく足繁く通った。

だから、神田書街は、我が庭のように歩き慣れているつもりではあった。しかし、大学時代も含めても、それから三十余年も、殆どいつ来てもお決まりのコースしか歩いていないのだった。だから、専門学校の建ち並ぶこの周辺は、懐かしさというよりは、初めて見るような景色に近かった。特に、お茶の水橋から西へは殆ど行ったことがなかったからだが、専門学校や予備校、大学もあって、アテネフランセに至る道筋などは、この界隈特有のカルチェラタンの趣があって、雰囲気の良さは最高だと思った。

今は、季節外れで葉も殆どないが、春には新緑の、秋には色鮮やかに紅葉した並木が、さぞ美しいことだろうと、ピンと張り詰めた朝の空気を感じながら澄み切った青空の冬景色を眺めて、上山は思った。この辺りの専門学校なら、きっと息子も気に入ってくれるに違いない。東京の中心にありながら、文化の香りを色濃く残しているところは、そうはない。

神田が、今でも、これほど知的な雰囲気を保っているのも、歴史的背景から考えれば、当然なのである。

脇村義太郎の名著『東西書肆街考』を繙けば、江戸時代末期に幕府が藩書調所を一橋通りに移転し、これが開成所となり、大学南校、東京開成学校を経て、東大になった。明治の新学問の源泉がここ、神田神保町にあったからだというようなことが記述されている。

また、司馬遼太郎の『街道をゆく三十六「神田界隈」』によれば、神田界隈は世界でも有数な（あるいは世界一の）「物学びのまち」なのだそうである。それは、江戸時代、神田川を隔てた湯島台に日本における学問（朱子学）の牙城だった聖堂があったことから、学塾や書籍商がさかえ、維新後、多くの私学が神田から興った。その配電盤の役割を担ったのが東京大学で、その国力を傾けてつくられたこの巨大な配電盤から、漏電していくように神田に私学が生まれていったという。東京大学は、本郷に移ったが、その地縁から東京大学の教授が神田の私学（中央、明治、法政、日本、専修など）に出張講義にきてくれ、私的に電流を流してもらうことができた。

その歴史的営みが、今日まで連綿と続き「物学びのまち」を形作っているのだ。日本広しといえども、この神田界隈に匹敵するような地域が、簡単にはできない理由がここにあるのだと上山は思った。

二

上山と神田の繋がりは長い。今は地方で教師をしているが、当時、大学がお茶の水、正確に言えば駿河台にあったので、ほぼ毎日、通っていたし、大学卒業後も、ほんの一年余りではあったが、神田・猿楽町にある出版社で働いたこともあった。つまり、日々、朝から晩までを神保町と共に過ごしていた時期もあったことになる。教師になってからも、推理やSFの古本蒐集が目的で神保町には足繁く通った。多いときは週に一度、少なくとも月に一度は足を運んでいた。古本病が昂じてくると、神田だけでは済まなくなり、中央線沿線や早稲田、さらには、京都、大阪や神戸などの阪神地区へも足が伸びていった時期もあったが、結局、今は再び総本山の神保町に還ってきている。ネットもあるが、直接、黴臭い古本も手にとって実物を見なければ、良き本との出会いは求められないことに気づいたからだ。ともかく、かれこれ四十年近い付き合いになるのだ。だから、第二の故郷と言っていい。上山にとっては、「神田わが町」なのである。これは、間違いなく断言できる。

それにしても、同じ神田とはいっても、マロニエ通りから西へ続く坂道や水道橋の駅から東の中央線や総武線の見えるこの辺りの景色は、上山が大学へ通っていた聖橋からニコライ堂を下った雰囲気とはかなり異なっている。今でこそ、暗いというイメージはないにしろ、聖橋より南はビジネス街であってダークな感じは否めない。昼時ともなれば、どっとビルから出てくるスーツに身をまとったビジネスパーソンの姿が目に浮かぶ。

それに引き替え、今でも学生街という雰囲気を色濃く残しているこの付近は、若者の多少に拘わらず、明るさがあっていい。神田には、アテネや文化学院をはじめとした伝統の香気が残っていて、専門学校に入学するのなら神田界隈にある学校が絶対にいいと、かつて通っていた大学時代を思い出しながら、上山は考えていた。

ところで、そのアテネフランセで思い出すのは、坂口安吾の小説に出てくるフランス語を教えるコット先生で、そのエピソードがまた面白いのだが、そのコット先生こそ、東京帝国大学でギリシア語を教え、退官後にアテネ・フランセを創設したジョセフ・コットなのである。そのコット先生の私塾「高等仏語」が場所を移して、一九一四年に「アテネ・フランセ」に改称したそうなのである。安吾は当時のクラスメートにも議論を吹っかけていたというエピソードが伝わっているが、ともかく多くの著名人がアテネでは学んだ。戦前では近衛文麿、木戸幸一、西園寺公望らの政治家がサロンのように集い、作家・文化人では先の安吾以外に、山本有三、佐藤春夫、小林秀雄、谷崎潤一郎、中原中也など、きりがない。ひときわ目を引くショッキング・ピンクの現在の校舎になったのは、一九六二年。崖地をうまく利用して建てられたこの建物の設計者は、元在校生でもあった吉阪隆正で日本建築学会賞を受賞している。

また、文化学院も西村伊作、与謝野晶子・鉄幹、石井柏亭らによって創設され、当時の学校令に縛られない自由で創造的な学校をとの精神からイエール大学をモチーフに、慶応義塾大学の構成に則って創設、運営されたという。それが独自の高踏的な人間教育に結びつき多くの著名な芸術家、作家を輩出した。これは、アテネとも共通する他の専門学校の追随を許さない伝統と言えよう。こういった文化的伝統こそが、神田の町の雰囲気を形作っているのだ。

東京にはそれこそ学校はごまんとあろうが、俗悪とは言い切れないにしろ、環境がいいところは少ない。大手の専門学校でも、繁華街の中心にあったり、中には雑居ビルの二階と三階を間借りしているようなところもあったりして、一階は大衆居酒屋とかエステやネイルサロンになっているところさえある。とても環境がいいとは言えない。学習するには、やはり周辺環境は大切で、知の宝庫である神保町も含めてこの神田界隈は正に学習に適した雰囲気を醸し出していると、上山は感じた。

三

上山は学生時代、杉並の阿佐ヶ谷に下宿していたこともあって、最初は高円寺から中央線で通ったが、余りの混雑に嫌気をさして、丸ノ内線の東高円寺からにした。尤も、多くのビジネスパーソンの通勤時間帯とは若干は異なっていた時もあったが、混雑状況は変わらず、立ったままでの片手読書などで座ることもできない状況に嫌気がさしていた。

下宿のあった南阿佐ケ谷からの距離は、高円寺も阿佐ケ谷も同じようなもので、三十分近くはパール街にしろ純情商店街にしろ行き帰りに歩かねばならず、できたてのコロッケを買って頬張りながら帰宅する楽しみもあったが、タイムロスは大きかった。それが、地下鉄の東高円寺にすると、歩く時間も短縮でき、しかも座って通えることが魅力で、（最初は、時間節約のために新宿で乗り換える方法をとっていたが、それより大手町経由で一本で行った方が、かなりの遠回りにはなり、時間もかかるのだが）文庫本を往復の時間で一冊読み終える愉しみもあって、地下鉄こそが居心地の良い読書空間になった。専門課程の三年からの定期をずっと丸ノ内線にしたのも、帰りは途中にある図書館に寄り道できる愉しみを発見したからだった。下車は、淡路町だけれども、大学へは聖橋から歩くより近いくらいだったから殆ど気にはならなかった。

当時は、七十年代も終わりにかけての頃だったから、どの大学でも学生運動は下火になりつつあったものの「学費値上げ反対」やら「学長更迭」の看板やら成田闘争への参加を呼びかけるケバケバしい立て看板が立ち並び、それが一種の活気を与えていた。中核や革マル派に所属する学生同士で殴り合っている場面にも遭遇したし、大学がロックアウトになって、試験がレポート提出になったことも思い出されてきた。上山の専攻は、社会学であったが知の巨人・ウェーバーよりは、パーソンズやリースマン、マクルーハン、さらには「疎外と連帯」のデ・グレージアに惹かれ、それから社会病理学や心理学を専門にするようになっていった。さらに、社会科学研究会という民青系のサークルに所属していて、講義が終われば部室に直行しては、太宰や安吾をよく語り合った。高校までとは全く別の世界に引き込まれわくわくするひと時を過ごしたことを懐かしく思い出す。当時の大学は、全体としてラジカルで、ノンポリでも政治・経済や文学の話に口角泡を飛ばして熱中する雰囲気があったし、神田の喫茶店「さぼうる」や「ミロンガ」は、こういった若者の議論の場でもあった。そこから男女の関係に発展していった仲間も少なくはなかったようだ。

いつもながら、神田界隈を歩くと、あの当時の熱気に包まれた大学時代が自然に思い出されてくる。三十数年を過ぎても「何だ、かんだ」と語り合っていた、当時の風景は大きく変わるところがない。強いて言えば、中大の多摩校舎への移転があり、残った明大は校舎を高層化して、垢抜けてモダンなビルになったことぐらいか。

とはいえ、懐かしんでばかりは、いられない。今日中に息子の入学先のおよその見当をつけなければならない。「かえで通り」、「とちのき通り」沿いを歩きながら目を惹いた専門学校に寄ってみた。入学のパンフレットは、幸い殆どの学校で入り口近くに置いてあったので、貰うことができた。一昔前なら、学生に声でもかけて少しでも学校の様子を聞こうと思わないこともなかったが、今では、この五十過ぎの中高年が、息子や娘に近い年齢の若者に声をかけようものなら、変態と思われかねないのだ。三十余年という時代の推移と上山自身の変化を改めて感じないわけにはいかなかった。あと、十年若ければ、また違ってはいたのかもしれないが、現役の教師とはいえ、そろそろ定年退職を迎えようとしている今、そういった若さや元気からは、ほど遠い。

四

それに、そもそも、こんなことになるのは次男の体たらくが原因なのだと、歩きながら上山は半分、腹を立ててもいた。確かに地方の難関高校だから成績がそれ程良くはなくても、割に多くの大学に推薦枠があったために、推薦で入学できてしまったことに遠因はあったのだ。高校時代から漫画やイラストを描いてばかりいたくせに、美大には進学せずに、畑違いの工学部に入ってしまったのだから、意欲に欠けるのも無理はない。殆ど学部のことなぞ考えなしに進学を決め、親である上山さえも、どこでも大学さえ出てくれればと、安易な考えであったことの綻びが今になって出てきたようなのである。

そもそも、次男は長男と違って破天荒な性格で、じっくりと取り組むようなことはできないタイプなので最初から工学部向きではなかったのだ。しかも、高校時代まで運動部などに入ったこともないのに大学入学と同時に空手部なんかに入れ込んでしまい、あとはバイトに明け暮れていては単位をまともに取れるはずもない。にも拘わらず、本人はあっけらかんとしていて困った様子もなく、全く肝心の勉強はやる気なし。結局、親が呼び出されて、今後はどうするのかと、大学から問われる始末。上山も妻の千夏も、こんなことになろうとは、思ってもみなかったのだ。

長男は、割合優秀であったために、地元の国立大学附属の中高一貫校から、関西では有名な私大に現役で入った。受験勉強もしたらしいが、予備校などの補習に通うことなく、合格したから尚さらだった。次男は、もともと、口数の少ないタイプであったために、本音で話し合うということが殆どなかった。折角、推薦で入れたのだから、と葉っぱをかけても糠に釘。どうにもこうにも煮え切らないのだ。そこで、思いあまって、

「留年するんじゃ学費は出せん」と言った途端に、

「実は、専門学校に行って美術デザインなんかをやってみたい……」とぼそっと、息子の口から初めて本音を聞くことになった。高校の時になぜ、そういった方向に進む気がなかったのかと、訊いてみても黙りを決め込んでしまって、埒が明かないのだ。すると、

「工学部に入ってみて、講義はともかくとして仲間と話し合っても、どうも合わない。将

来の目標なんかも全然違っていて自分のやりたいこととは違うということが分かった。部活にでも入らないと全くつまらなくってやってられないし、バイトも息抜きになるのでやっているだけ」と、無口の次男がやっと理由を口にした。

「そうは言っても、折角、推薦もしてもらい入れた学校なんだから、あと一年、頑張って続けてはどうか。その意思さえあれば、応援もするが……。それとも、潔く思い切って辞めてやり直すのも悪くはない。今なら一浪した連中とも同じだし、決断をするならもう、今しかないぞ」と言うと、

「やり直したい……」と、ぽつり……。いまいちはっきりしないのは、分かる。入学金から授業料、マンション代などを考えれば、続けて頑張って欲しいというのが親の本音だし、その辺のことも十分に承知しているのだろう、はっきり言えない理由は上山にも十分分かっていた。もぞもぞしながらも、息子は、

「できれば大学ではなく、専門学校で美術デザインなんかを実際的に勉強したいんだけど……」と、やっと自らの口でやりたいことの本音を吐いたといった感じであった。これが大学に推薦で入ったミスマッチなんだと思った。殆ど将来のことなんかを考えずに大学に入れてしまったツケが回ってきたに違いなかった。

ろくすっぽ息子に面と向かって話し合ったこともなかったので、これは上山にとっては、ショックではあったが、息子が本音を話してくれたことで、悩みは消えた。上山や妻の千

夏にとっても、これは大いに反省すべき点なのかもしれなかった。これも元をただせば、次男が推薦で大学に入れたといったことを女房から聞いた時も、

「そりゃ、良かった」と一言で、どこの大学の何という学部に入ったのかさえ聞くこともなかった。仕事にかまけて、次男のことは全くないがしろにしていたことは否めなかった。長男の時は、大学受験時には下見にもついて行ってやったりしたが、次男については、全くの放任であった。長男の時は過保護・過干渉に育てたくせに、である。

考えてみれば、確かにこの一年間に払った費用は相当な額だが、それは致し方ない。高い人生勉強代だったことは次男より上山自身が一番に反省すべき点であったのだから……。

五

ところで、そんな息子のこととはいえ、上山が、この辺りで学校を探してやるなどと言い出したのも、父親としての責任を感じて、といった面なきにしもあらずではあったが、神田界隈の何とも文化的な香り、匂いが気に入っていたからだ。それに加えて、上山自身も時には神保町界隈を歩いて古本蒐集の旅に出られるということもあった。地方にブック・オフができても、ネットで古書を探すことが容易になっても、手にとって確かめる以上に

確実な方法はないし、神保町をぶらつくことは、お目当ての本だけではない思わぬ本と出会えるという余録の愉しみがあるからこそなのだ。歩いて一軒一軒、個性的な店や店頭の均一本を見て回り、思いがけなく貴重な一本を探し当てるというのも、古書蒐集の旅の他では得られない醍醐味といっていいのだ。そのこともあって、東京に行くとなると上山は常に積極的になるのだが、神保町に寄れるということの意味は大きく、出張でも職員旅行や家族旅行でも、東京となれば行かないことはない。そして、必ず何やかやと神田詣でをするのである。これは、ある意味、古本病に憑かれた人間の習性なのかもしれなかった。

それでも神保町などは、（近頃はメトロの神保町駅からアクセスする方が多くなったが）年に何回かは、仕事や趣味の古本巡りで訪れてはいたものの、カルチェラタンと言われるようなマロニエ通り側をぶらつくようなことは、殆どなかった。そのためか、新鮮さと同時に久々の長歩きで疲れも出てきた。少し、休憩でもとるか、と思ったときに、必ず喫茶店があるのが神田・神保町なのである。安らぎの街と言ってもいい。

そんな思いで、坂道を下って錦華公園の裏手に出ると、そこには瀟洒な佇まいの喫茶店があった。こんな時に、ゆったりと休める喫茶店があるのは嬉しい。あまり大きくはなさそうだが、煉瓦に蔦の絡まっている入り口に誘われて、入ってみた。二月といえば、季節的には一番寒いはずだが、今年に限っては暖冬ということもあってか、暖かい。晴れている今日のような日は、春の訪れさえ感じさせてくれる。

神田には、喫茶店が大手の「ルノアール」などから、かつて上山が一杯のコーヒーで粘って語り合った「ラドリオ」や「エリカ」、最近は「古瀬戸」や小宮山書店地下一階の「神田伯剌西爾」などの有名店まで数は多いが、ちょっと外れたこんなところにも味わいのある店があるとは、さすが神田だとあらためて感心した。

神田は、個性的な喫茶店が多く集まっているところでもある。やはり、本、特に古書とコーヒーは分かちがたく結びついているのだ。それは、一つには、本が何冊も入った紙袋を両手に下げて数時間も歩いていると、肩が本の重さに耐えかねて悲鳴をあげ、足は棒のように疲労してくる。ひとまず休んで、疲れのとれたところで再度蒐集に入るといったことからで、あと一つは、買った本は時間を経ず、すぐにでも中身を読みたくなるのが古本に憑かれた人間の習性で、貴重本であればあるほど、袋やカバーを外して中の表紙などを一刻も早く確認したいからでもある。だから、落ち着いたクラシックやジャズの名曲の流れる店がいいし、じっくり休める、ある程度暗い雰囲気の店の方が落ち着くのだ。

地方の小都市と神田・神保町の違いは、古書店や喫茶店の質にこそあると上山は考えている。良質な古書店は、地方では、ここ二、三十年の間に完全に消滅したと言っていい。時代の流れもあって、地方では古本が商売として成立することが難しくなってきた。これはブック・オフやネット古書店のせいばかりではない。喫茶店も、全国展開するチェーン店に完全に押されて、個性的なつくりの店の良さよりは、メジャーな店舗のリラックスさに人が集まるようになってしまっている。こういった現状は、如何ともしがたい。それだけに、東京に出てくるたびに、古本や新刊書を買っては、お目当ての喫茶店で寛ぐのは至福の時間となるのである。

店に入ると、丁度うまい具合に、道路に面したコーナーが空いていた。窓外の風景もウィークデーと違って、土曜は何となくのんびりとした雰囲気が漂っていて、上山は気に入った。日曜だと、新刊書店を除けば殆どの古書店は閉まっているから活気に乏しく、神保町に来るのには土曜がベストであると、以来ずっと神田詣では土曜と決めている。

それにしても、この店には、どことなく懐かしさが漂っている、と上山は感じた。どこがとは、はっきり言えないが何となく店の雰囲気が昔を感じさせるのだ。よく見れば、飾棚の横にある柱時計はビンテージだとすぐに分かるし、調度品はヨーロッパのアンティークのテーブルや椅子でまとめられ、長年、使い込まれてきた跡もあった。派手さは全くないが、落ち着けるこんな店が上山は気に入った。

コーヒー党の上山は喫茶店では、いつもお気に入りのモカを頼むことにしていた。出版社に勤め始めてからもっとコーヒーはモカにしていた。モカには独特の酸味に加え、甘みと苦みがほどよく混じり合っていて、何ともいえない香りがリラックスさせてくれるからだが、うっかりしていると店のブレンドになったりするので、必ずモカと指定するのである。暫く外を眺めていていい気分になっていると、疲れが出たのか、ウトウトとしてしまっていた。

六

上山が大学卒業後最初に就職したのは中堅の広告関係の会社で飯田橋と紀尾井町にあった。尤も、東京の二社はどちらも支社で本社は大阪の茨木市にあった。同期入社は六人のみで、研修は勿論、本社で受けた。大学時代の専門が社会学であったし、広告研究会といったサークルにも所属してＳＰ（セールスプロモーション）の研究だけではなく、キャッチフレーズやコピーの制作も経験していたこともあってか、先輩のコピーライターやディレクターの方にもかなり生意気な口のきき方をしたようなことを思い出した。

就職時は、ごく普通にマスコミ関連の会社を受けた。が、大手の広告代理店や出版社は全て没であった。一社だけ最終面接に漕ぎ着けたものの、採用通知は結局来なかった。

上山の入った広告会社は、どちらかというと、制作会社に近かった。元々は印刷会社で、そこから派生的に色々な子会社やネットワークが作られて発展してきたもので、広告代理店としては中堅だが、制作部門だけからすれば、大手といえた。それほどに、小さいのが広告屋の実態なのだ。

思い起こせば、写真撮影に立ち会ったり、多くのモデルを連れてキャンペーンを張ったこともあった。当時は高度成長とも重なって、スポンサーの宣伝部は景気が良く、沖縄に撮影のために出かけたこともあった。華やかな一面は確かにあった。が、それとは裏腹に、勤務時間は無制限で、定時に帰れるようなことは殆どなかった。それでも、先輩を見ていると、実に楽しそうに？　会社に泊まり込んで、印刷のゲラがあがってくるのを待って、「マゼンタがやや濃いようなんで、いかんなぁ」とか、「スミ（ブラック）が、ちと薄いんじゃないか」と印刷にやり直しを命じたりする。たった一枚のペラでも、スポンサーの宣伝部と何度も丁寧にチェックを入れたりするのだ。今まで新聞の折り込みチラシなど、丁寧に見ることもなかったが、こんなにチェックが入っているとは思いも寄らなかった。それに、残業が月に二百時間と聞いて、やはりこの業界はやくざなところだと思わざるをえなかった。しかも、ここの会社では、広告だけを勉強しているようではロクな宣伝マンにはなれないと言われて、あらゆることに興味を持って吸収していくようにと色々なことに挑戦させてもらった。

実習期間も終わり、所属が決まる頃、上山はかつて高校時代、写真部に所属していたこともあって、写真プロダクションの事務所に詰めるように言われた。すると、ウチのプロダクションに来ないか、といった誘いを著名なカメラマンより受けたり、会社から独立して広告事務所を立ち上げたコピーライターに、専業で雇ってやるがどうか、といった誘いも受けたりしたこともあった。迷いもあったが、結局、上山には踏み切る勇気がなかった。折角、大学からの推薦で入れた会社ということもあったり、同僚や仲間、上司との人間関係もあったりして、新入りがそんなことをとても口にできる状況ではなかった。昨年に亡くなった有名なコピーライターのIさんの事務所に勤めていたら、どうなっていたか？もし……は禁物だが、考えてみると何通りかのパターンが浮かんでは……消えた。この業界では、近隣同志での人間の異動が多いのが、特徴でもあるのだ。慌ただしく半年が過ぎる頃から上山は、徐々に、どうもこの会社とは合わないというような気がしてきた。

クリエイティブな仕事の面白味はあったものの、勤務時間の長さに嫌気を差してしまい、大した理由もなしに一年余り勤めたところで辞めてしまったのだ。「石の上にも三年」とは言うものの見切りをつけるのなら早めがいいと判断したのだが……当時は若さがあったためか、躊躇《ためら》うようなことは、なかった。

それより、ちゃっかりモデルの理恵とは付き合いを続けた。ナッツのキャンペーンがきっかけだったが、趣味が推理やＳＦなどの読書ということもあってか、神田で待ち合わせては、古本屋巡りをした。そして、喫茶店に入っては、読んだ本の話で盛り上がることができた。勿論、それだけではなく何となく気が合うところがあったからこそ、付き合いも続いたのだが、不思議なことに結婚のことは二人とも殆ど意識することはなかった。大体、古書店にミニスカートのモデルなんてのは合わないし、アベックの客に、ろくな連中はいないことは定説に近い。だから、理恵と連れだって神保町を歩いたことは、異質であったことだけは確かなのだ。が、上山にとっては、今でも時として、その当時のことがつい昨日のことのように、思い出されて来るのだった。

広告会社を辞めても、あてがあるわけでもなかったが、当時は景気がいいこともあってか、一ヶ月もしないうちに、新聞の求人欄に載った「編集部員募集」の記事に応募した。会社は、大手ではなかったので不安はあったものの、失業が二十日も続いて、日々、図書館通いばかりでは、退屈せざるをえない。まぁ、どんなところでも、編集部ならと、面接を受けに行った。上山には、ここで二、三年経験を積んで、次に大手の出版社に採用して貰えればというような安易な気持ちがなきにしもあらずであった。

鉄道関係専門の出版社で雑誌も何冊も発行しているし、専門書をはじめとした一般の書籍も見せてくれた。大きくはないが堅実な会社だと思った。編集長だというH氏とは話も弾んで（何と大学の先輩でもあって）合格間違いなしという感触を得た。が、それから一週間経っても二週間経っても通知は来なかった。不採用の通知さえも来なかったので、恐る恐る電話すると、二つ返事で明日より出社せよとのことであった。電話を入れなければ、果たしてどうなっていたのやらと……思わざるを得なかった。

勤めはじめて、分かったのは取材や編集の仕事の面白さであった。広告会社のような華やかさは微塵もないが、個人の裁量に任される部分が多く、何日までに取材をして原稿を上げればいいかが分かっているので、それに自分のスケジュールを合わせれば良かった。早速、メインの鉄道雑誌編集部に配属となり、部員四名のチームに所属することになった。最初に割り当てられたのは、関東近県の特徴的な駅や有名駅長などの取材で、駅のある町にイベントがあれば、それにかこつけて行ったり、駅舎が新装なったとあれば、早速、話を伺いに行ったりといった仕事であった。千葉や埼玉だけでなく、群馬や栃木にまで足を延ばして取材に行った。

「明日は午前中に会議があるが、午後は自由。各自の仕事を」とか、

「今週の木曜までに取材し、原稿を上げて、金曜からは編集に入る」と編集長の一言で、皆、それぞれ机に向かったり、予定を板書して出かけたりする。直行・直帰なども全くの自由で、取材があれば、丸一日出社せずということもありだった。編集部は、そんな自由な雰囲気であったが、会社自体は、九時～五時とパンクチュアルで、総務や営業部などの勤務は実に規則正しかった。週休も二日あり、残業も月に一度くらい……それも、二、三時間で、夕食はいつも部長のおごり、しかも殆ど力饂飩ということで、こんな会社なら、定年まで勤めても悪くはないと上山は思った。残業しても八時頃には帰れるなんていうことは広告

会社では有り得ない話で、午前様になる時の方が多かったから、正に雲泥の違いであった。多少、現金収入は減っても、ゆとりのある会社の方が、肉体的にも精神的にもいいに決まっている。

会社の勤務を終わってからの時間や土日もたっぷり時間はとれたのだが、定期を使って訪れたのは、やはり、神田・神保町なのであった。古本好きが昂《こう》じていたのだろう、当時の雑誌の「編集部より」というコーナーでは、昭和初期のSF本の紹介やら同人誌のことなどを書いていたことを上山は思い出した。

七

喫茶店に入ると、いつも、この会社の営業部の連中に編集部の面々も手伝って、雑誌の発送業務を行うのだが、その後に飲むモーニング・コーヒーのことを思い出す。九時から一時間足らずではあるが、トラックが来て、それに印刷したての雑誌を積み込む作業をするのである。それが終われば、その日の仕事は終りのようなもんで、ほっとするひととき、これに勝るコーヒーは飲んだことがない。ここのモーニングは卵が大きく、サラダもたっぷりで厚切りのトーストの味が絶妙に旨いのだ。だから、ついつい長居をしてしまうのだが、それでＯＫなのである。午後は、各自が思い思いに、取材に出かけたり、営業部の連中のなかには午後は休みにして帰る者さえいた。毎月、月の第三週目に翌月分の月刊誌の発送をする。編集部にとっても、この発送作業の終わった後が一番、ゆったりできるのだ。勿論、翌日辺りからは、次号の編集作業に入るのだが、このパターンが飲み込めると、仕事は実にやりやすいのである。それも、各自の自主性に任せられている点が上山は気に入っていた。

「ご注文はお決まりでしょうか」と聞かれて、ハッとしてメニューを見た。そして、次にまたハッと気付いた。店の雰囲気が、そう、三十余年前のあの喫茶店の内装にそっくりなのだ。店に入ったときから、何となく感じていた懐かしさは、これだった。喫茶店好きの上山ではあるが、この懐かしさは格別で、昔日の出版社で発送業務をした後のことをありありと思い出した。

「ナポリタンとコーヒーをお願いします。それとコーヒーはモカで。あと、この店は三十年前にも……」と言いかけて、言葉を切った。若いウェイトレスに、三十年前の話をしても仕方がないと思った。それにしても、思い出せば出すほどに似ている。テーブルの配置さえもそっくりなんていうことがあるんだろうか、と。メニューを改めて見直すが、モーニングの文字はなかった。

「お待たせしました」とナポリタンとコーヒーのセットを置いてくれたので、

「メニューに、モーニングがないようだけど……」と聞くと、

「詳しくは知りませんが、二、三年前まではやっていたみたいですよ」と言って奥のカウンターの方へ消えていってしまった。きっと、マスターにでも、聞きにいったのかと思って待っていたが、ついに、誰も現れることはなかった。スパゲッティも昔に比べれば今は多様化したが、ナポリタンという懐かしい味はあらためて原点の味だと確信した。モカのコーヒーの香りも格別であった。久々の神田歩きと懐かしの味に疲れもとれて心寛ぐひとときを過ごして、上山は満足だった。

それにしたって、どう見ても、あの懐かしの喫茶店にそっくりだ。テーブルや椅子、あの柱時計も見覚えがあった。ここの店は新聞が日経からスポーツ紙まで何種類も置いてあるので、ゆっくりと各紙を眺められるのも変わってはいなかった。正に、タイムスリップしたかのような錯覚に捕らわれたようで、不思議な空間にいるような感じだった。

八

店を出ると、すでに陽は傾きかけていた。まだ、二時を少し過ぎたばかりだというのに、妙な感じだ。しかも、夕方でもないのに誰もが皆、足早にお茶の水の駅の方に歩いている。服装も何だかおかしい。時代に即していないというか妙にズレている感じだ。こちらに歩

いてくる学生連中を見ても、何か古くささというか懐かしさを感じさせてくれる。今時、珍しいベルボトムのジーパンにダッフルコート、嘗ての上山の姿そっくりではないか。しかも、肩からかけているのはウォークマンでは……、今時には、あり得ない光景を見た気がした。それに、長髪の学生連中……、正に「神田川」の世界だ。と、思いながら振り返ってみると、明大の校舎が、昔の建物に変わっているではないか。昭和五年に建てられたままの、上山が過ごした七十年代の大学時代に見ていたあの古めかしい校舎。そんなバカな。……と思いつつ駿河台下の交差点に出た。書泉の建物をはじめ、変わっているのかどうか、最初は分からなかった。周辺にビルが建ち並んでいる今日でも昔の面影を残しているところが多いのが神保町で、スポーツショップが多くはなっても、古本屋街は殆どが変わっていない。が、思わず、あの三省堂の八階建てのビルがない。そこには、三階建ての昭和の三省堂があったのだ。隣にはアネックスのビルもある。いやいや、とんだところに迷い込んでしまったもんだと思った。丁度、上山が大学時代から数年を過ごした七十年代後半にそっくりな状況が現出しているのである。

だが、不思議なことに、上山は迷い込んでしまった空間に困惑するどころか、古本マニアとしての本能が蘇ってきてしまっていた。とんでもない異空間、でも不思議なもので、これはラッキーとしか思えなかったのだ。

七十年代の本、特に雑誌は貴重なもので、今では高値となっている。当時、読み捨てにしたものも、今となっては貴重だし、当時買えなかった本のリストも目に浮かんできた。その頃、上山は、ＳＦも読む程度の一ＳＦファンに過ぎず、それほどではなかった。が、次第に、古本や雑誌のバックナンバーに目が行きはじめ、徐々にのめり込んでいってマニアになってしまっていた。当時、神保町には、東京泰文社をはじめとした専門店もあって、五、六十年代の雑誌などやＳＦ古書を漁り始め出した頃でもあった。また「宇宙塵」というＳＦ同人誌に所属するようにもなって、ショートや中編のＳＦ小説、エッセーなどを発表するようにもなっていた。それから、程なく、ハガジンというハガキ一枚にショート一編を載せて発行する同人誌を主宰し、隔週で出し始めてもいた。徐々に同人仲間も増えはじめるなど、ＳＦアディクトになり始めていく時期でもあったのだ。星新一に言わせるなら、「ＳＦほど創作意欲をかき立てる分野は他になく、魅力と刺激を兼ね備えた世界」なのだそうである。これ以降の隆盛を見れば、この言が見事に当たっていることは明らかであろう。そして、合評会には、既に有名になっていた先輩も多く、セミプロ的な形で活躍していた同人も多くいた。上山にとってはＳＦにのめり込み始めていた時期であったといえた。

七十年代というのは、ある意味、ＳＦが活況を呈し始めた時期でもあり、八十年代に入るとＳＦ雑誌も『ＳＦマガジン』以外に『奇想天外』、『ＳＦ宝石』『ＳＦアドベンチャー』とますます隆盛を極めていくことにもなっていた。何事も、夢中になって我を忘れてやっていられる時期こそが華なのである。上山も、そんな時期から五、六年もすると、徐々に活動から遠ざかっていき、ハガジンの合本を出した後には休止してしまった。その後、SFも拡散していき、雑誌自体も数年後には『SFマガジン』以外は部数低下で休刊、事実上の廃刊となった。上山のSFのファン活動も八十年代の後半で終了することになる。

九

そんな三十数年前のことを思い出し始めている時……。

パチンコ「人生劇場」の方からこちらに向かって歩いてくる独りの長身の美人がいた。かつて付き合っていたモデルの理恵に似ている。そんなはずはあるまいと思いつつも……あのスタイルに、あのミニが似合う女は、そうはいないはずなのだ。が、果たして、この五十男をかつてのボーイフレンドとして認識してくれるのか、どうか、その方が上山には心配だった。横をそのまま通り過ぎていったら、こちらで声をかけるべきなのかどうか、いや、やり過ごした方がいいのか。そもそも、こんな非現実の世界で、何を言っているのか……と迷っている上山は我ながらおかしくなって、笑ってしまっていた。

すると、十メートルも離れたところから、

「あら、偶然。上山さん、何してんのよ?」と手を大きく振って、声をかけられた。理恵に間違いなかった。

「よく、分かったな、理恵。てっきり俺のことなんか分からないと思ったよ。何せ、もう五十過ぎの中高年だぜ」と上山は自嘲気味に言った。すると、すかさず、

「何、言ってるのよ。つい一週間前に会ったばかりでしょ。面白い小説を読んだから電話しようと思ってたところなのよ。それに、愚痴も少し聞いてくれる？」と。

「じゃ、丁度いい。その面白いっていう話や愚痴を聞いてやろうじゃないか。今、あそこの喫茶店を出たばかりなんだけど……」と上山は久々（いや、三十数年ぶり）に会った理恵に嬉しくなって言った。理恵は全く変わっていなかった。百七十ある身長にスレンダーな体は、モデルとしては十分だし、それでいて肉感的なところがあって、男を惹きつけるようなタイプと言っていい。それが、上山にとっては、心配の種でもあったことを思い出した。

「今日は、これから仕事が入っているのよ。アルバイトなんだけど今週は夜は殆どダメね」

「夜の仕事？」

「友達の親父さんに頼まれたんで、断れないでしょ。池袋にある割と大きなバーなんで大丈夫よ。十時前には帰れるようにしてもらっているんだから。それに、独りじゃないし、モデルの洋子も一緒にいるんだから」と理恵は、何も心配していない様子だった。

「ちょっと、夜の仕事っていうのが気になってね。キャバクラやピンクサロンじゃないん

だろうな」上山にとって、今の理恵は自分の娘のようなもので、理恵の男を惹きつけるような色気のようなものに危険な匂いを感じて、何とか守ってやりたいというような親心が働いたようなのであった。

「私のことを心配してくれてるの？　それは、どうも、ありがとう。キャバクラでもないし、ましてやピンサロなんかじゃないんで本当に大丈夫だから」と理恵の反応は案外そっけなかった。

「まぁ、いいか。理恵なら、見知らぬ男に騙されるようなことはなさそうだし……」と言ってはみたものの、上山の理恵への思い込みが強くなってしまったのか、一抹の不安は消えなかった。と言って、その池袋のバーとやらにまでついて行くような野暮なことはしたくはなかった。

「じゃ、明日なら、時間はあるのか？（まだ、明日なら東京に居られるし……）理恵とも、ゆっくり話しもしたいし……」とかつて付き合っていた理恵との会話のリズムがほんの数分のうちに戻ってきたようだった。いや、三十余年のブランクが全くないかのような口振りになった。

「それなら、いつものところに電話すればいいのかしら……」と理恵。上山は、慌てて携帯の番号を教えようとしたが、やめた。当時は、携帯電話自体が存在していないのだ。スマホを見せて驚かしてやろうとも思ったが、何せ、携帯の回線すら存在しているのかが怪しい状況に、こんなものを見せても始まらないではないか。只のオモチャにしか過ぎない。「それより、明日の十一時に東京堂のサイン本のコーナーで、会うってのはどうだ？　そこからなら世界飯店も近いし、昼飯でも食べながら、じっくり愚痴でも感想でも聞こうじゃないか」

上山は、いつも待ち合わせ場所は、有名な書店の入り口とか、雑誌のコーナーとかにしている。双方ともに時間に多少のズレや遅れが出たとしても、心配せずに本を読んで時間を潰せるというメリットがあった。

「なら、いいわよ。じゃ、明日ね」と、急ぎ足で理恵は、駅の方へ向かって行った。多分、時間に間に合わないんだろうなと、思った。

毎度のことながら、(雇主に) 気を揉ませるようなことをしているところなんかは変わってはいないな……と上山は理恵の後ろ姿を見ながら呟いた。そして、かつてキャンペーンガール達に指導したことなどを思い出していた。

それにしても、果たして、上山のことが、どうして分かったのか。三十余年のブランクがあるに拘わらず……、どうした分けだ。その間の時空がそっくり消えてしまったのか。いや、そんなはずはあるまい……と不思議空間にいる自身の姿を何よりも見てみたい上山であった。白髪交じりの初老の男と二十代だった頃の自分はどう見ても似ているはずはない。にもかかわらず、ミニスカートの二十代の理恵は、何の不思議もなく、先週会ったばかり云々と……言うことは、こちらも若返って二十代の後半になっているということなのか。それなら、こんなに嬉しいこともないし……、できれば、この異空間にいつまでも居たい……と。乱歩は「うつし世は夢、よるの夢こそまこと」と言ったが、夢であれ現実であれ、理恵と一緒に居られるならと……心の中は三十余年前の上山に完全に戻っていた。

既に上山の頭からは、今日、神田に来た本来の目的である息子の専門学校のことなどは、すっかり忘却の彼方に消え去っていたのだ。

モデルの理恵は推理小説やSFが好きで、それが縁で気が合って付き合うようになった。きっかけは、こちらがナッツのキャンペーンの様子を市場調査すべく、日曜出勤で日本橋まで行った時なのだが、さすがに有名なデパートだけあって、一万円もするギフト用のナッツが飛ぶように売れていて、話もできないほどだった。いくらキャンペーンガールを連れて行ったたって、普通の百貨店やスーパーなら、たかが知れている。こんなに売れるようなことはないのだが、やはりここは客種が明らかに違う、と上山は感じた。午前中だけで、ほぼ一日分の在庫がなくなってしまうほどだった。

理恵も含めて三人の売り子らが、ナッツの試食品を配ると、効果はテキメンで、お菓子売り場で迷っていた年配客も、ナッツの大きさや味の香ばしさと瓶入りの豪華さも手伝っ

てか、

「ちょっとしたプレゼントにするんで四つほど、お願いします。包装は、この会社のものではなく、ここのデパートのものにしてリボンもつけて下さい……」とか、

「このナッツとあのテナント店のコーヒーをセットにして、包んでくれますか」とか、一万円のナッツは、飛ぶように売れていった。商社の三角貿易の社員も、途中より売れ行きの様子を見ていたようだが、

「これほどの効果があるんなら、今後、大阪の老舗デパートでもやるんで、キャンペーンは続けましょう」と、ご機嫌だった。

昼過ぎになって、交代のキャンペーンガールが来たので、やっと待ってた甲斐もあったと、早速、理恵を近くのレストランへ誘ってみたのだ。二人のモデルは、さっと気づいてくれて、

「行ってらっしゃい」と理恵とこちらに声をかけてくれたかと思うと、早速、貿易商社の社員にちゃっかりとくっついていったようだった。理恵とは、全くの初めてではないものの、二人だけで話せる機会はこれまでなかった。

「上山さんが、ご馳走してくれるっていうわけ？」

「そうさ、何でもどうぞ。立ちっぱなしのキャンペーンガールには栄養をたっぷりとってもらって、後半も頑張ってもらわないと……」と言いつつ、こんな人目をひくような美人

と一緒なら、四、五千円のステーキだって安いもんだと、上山に下心もなかったわけではないが、話していくうちに、推理小説やSFが好きで、次々に、あのストーリーの主人公は……というような話から好きな作家の特徴などになっていき、久々に本の話で意気投合、もう、完全に時間はオーバーしてしまった。これは、上山の責任で、誤魔化して報告するしかなかった。それよりも、このことがきっかけで、理恵とのつきあいが始まったという分けであった。


翌日、東京堂のサイン本コーナーには、十時半には行った。遅れてはまずいというより、久々？　に、嬉しくなった中高年オヤジが恋人を待っているかのような感じになって、待ち合わせの時間よりも三十分も早く行ったのだ。が、理恵はやっと十一時半に現れた。昔も、時間にはルーズで仕事に行くときにいつも、イライラさせられたことを思い出した。

「待った？　電車が遅れてしまって……」と理恵。

「そうじゃ、ないだろう。寝坊と化粧に時間をかけすぎたのが原因だろう」と、今度は上山が、ズバリ痛いところを突いてやった。

「こんなことじゃ、きちんとした仕事はいつまで経っても貰えないぞ」と釘を刺すことも忘れなかった。もう、上山は完全にマネージャーのような立場で話していた。そういえば、かつてこんなことを、よく若いモデル連中に話したもんだったなぁと、三十余年も昔のことが、つい昨日のことのように思い出されてくるのだった。

「世界飯店に行こう。今なら、丁度ランチメニューがあるはずだから」今も昔も店の外まで行列で並ぶのが、この店の特徴で、三十分は待たねば、味わえないのだが、理恵も中華好きなんで、待つのは平気だった。

神保町は、古書の街というイメージが強いのは致し方ないが、味覚の街でもあり、行列のできる店も多い。コーヒーの味で有名な喫茶店は、もとより、カレーや洋食、中華も天下一品の店が多い。上山自身も、こうやって、理恵とでも来ないと、中華や洋食のスタイルの店に入ることは、少ない。時間節約のために牛丼やそばの立ち食いなどで簡単に済ませて、古書蒐集に向かうからだが、その分、喫茶店では、必ずといっていいほど、コーヒーにケーキのセットを注文した。だから、かれこれ四十年近くこの町に通い続けてはいても、まだ半分の味しか知らないということなのだ。

外で待ってる間に、早速に理恵は口を開いた。今まで我慢していたことを、少しでも聞いてもらいたいという思いのようだが、辺り構わず喋り始めたので、上山は同意しつつも、困ってしまった。

「この間なんて、銀座のデパートで化粧品のキャンペーンに三人で出かけたのよ。そしたら、そこの売り場の責任者にバックヤードの方へ呼び出されて、何だと思う？　俺と結婚してくれ、だもん。参っちゃって、次の日からは、無断で休んじゃったの。そしたら、モデルクラブに直接電話してきて、あの理恵っていうモデルは怪《け》しからんって言ってカンカンだって……」

「逆ギレされたっていうわけか。よくあるパターンかも。それで、どうしたの？」

「冗談じゃないわよ。悔しくってクラブの主任に事情を話したの。そしたら、とんでもない！　って言ってくれて、早速、人事部なんかの上司に掛け合ってくれたんだけど、もう、そのデパートに行くのいやだって、言ったのよ」

「それで、どうなったの？　仕事の方は？」

「当分、その化粧品のキャンペーンからは、外してもらったのよ」

「それって、セクハラ、パワハラでしょう……」と言いかけたが……ポカンとしている理恵を見て、うっかり、この時代には「セクハラ」なんて言う言葉はなかったんだな、と思い、

「つまり、セクシュアルなハラスメント、日本語だと性的な嫌がらせっていう意味だよ」

と付け加えざるをえなかった。

「セ・ク・ハ・ラ？　なるほどね、納得。でも、それって新語なの？」

「まぁ、アメリカなんかでは、普通に使われてるけどね。まだ、日本ではポピュラ……にはなってない言葉かな」と説明しながら、確かに、七十年代ではウーマンリブの運動が盛んになってきつつはあっても、ＤＶだとか、パワハラ、マタハラなんていう言葉は存在していなかったはずだ。

外で、待っている間に、これだけ話しかけてくるっていうことは、かなりのストレスを溜め込んでいるんだろうと思った。

やっと、店の中に入り、注文ができた。メニューを見ると迷ってしまったが、結局ランチのコースがリーズナブルだったので理恵も上山もそれにした。理恵の好きな干し貝入りの中国粥やふかひれスープ、上山の好物の北京ダック、それに八宝菜や水餃子、小龍包もついていてデザートも二種類もあった。これで、少しは、理恵の愚痴もおさまるような気がした。

「待った甲斐があったわ。どんな味か楽しみだわ。」と理恵は嬉しそうに言ったが、結局、一時過ぎまで待たされることになってしまい、腹もかなり減ってきたこともあってか、理恵の愚痴は尽きるところがなかった。

「どっちにしろ、あの中年のオヤジ、いやらしいわ。私の体をじっと見つめて、いい体してるね、って言って、結婚してくれだもん。何よ？　私の体が欲しいっていうことだけなの？」

「そう言ってやれば、良かったんじゃない。反応が楽しみじゃないか」

「そんなこと言えないわよ。仕事で来ているのに、急にプライベートな話になるなんて。事務所の方へ、なんて言われたから、てっきり、仕事上のことで注意されたかって思ったのに……」理恵はモデルとしてはまだ新米で、現場が苦手だったために色々と気は遣っていたらしいのだが、それが、仕事のミスではなかったことが、却ってショックらしかった。

「結婚か。悪くないんじゃないの。少なくとも理恵は中年男に魅力があるって思われたっていう分けだ」上山も、その辺は、納得できるところではあった。

「冗談は、よしてよ。私だって、モデルの端くれ、プライドがあるんだから」と理恵は胸を張った。

そこに、ようやっと、注文したランチのコースが運ばれてきた。豪華な盛り合わせに、二人とも待っていて良かったというような顔つきに変わった。

「いただきまーす」と言って二人は食べ始めた。蟹玉入りのふかひれスープは、濃厚でとろりとして、こんがりした北京ダックは、パリッとしていて味噌だれが絶妙な味を出していて何ともいえない満足感を与えてくれた。そこで、上山も、ひとまず安心したこともあってか、レンゲでスープを啜りながら、

「理恵にもプライドがね〜」と、鼻っ柱が強くなりかけてきた理恵を、ちょっと茶化してやった。すると、

「何よ、その言い方、バカにしてんの、私のこと」と理恵は急に怒り出した。まさかの展開に、上山は慌てて……、

「そんなことはないけど、終わって良かったじゃないか。それからは、何でもないんだろ。その中年男にストーカーでもされたら……それどころじゃないだろ」と言いかけて、また

も、「ストーカー」っていう言葉に引っかかってしまった。流行《はや》り言葉なんてものは、その時代でこそ通用するもの。しかも、それが二十一世紀に流行っている言葉では、二、三十年も前の世界では、通じる分けもない。上山の口から時々、聞いたこともないような変な言葉が出てくることに理恵は妙な感じを抱いているのかもしれないと、早速、ストーカーについての解説をした。

「ストーカーっていうのは、つまり、しつこく追い回されて後をつけられたり、嫌がらせをされ続けるっていうようなことなんだけどね。英語でストークていう言葉があって、『忍び寄る』っていうような意味なんだけど、まぁ、変態・変質者って言ったらいいかな……」と、ここまで話して言葉を濁した。これ以上、ネットのことまで説明を加えたところで、時代の違いもあって、分かるわけもないと、ここまでにした。

「そう、それっきりよ。でも、後味は悪いし、仕事も終わちゃって、損害よ」と理恵はまだ、おさまらないような感じだった。結局、愚痴話を聞くばかりで終わりそうになったので……、

「ところで、面白かったっていう本の話は、どこへ行ったんだ？　聞きたいんだけど」と上山が話題を変えた。すると……、

「それも、そうね、でも、つい頭にきちゃったもんだから。上山さんに聞いてもらってすっ

きりしたし、安心したわ。これからも、時々電話するけど……」と。やっと、落ち着いて本のことを話すいつもの理恵に戻ったようだった。

「まぁ、時々ストレスが溜まったら話を聞いてやるけどさ……愚痴ばっかりじゃ、ご免だぜ。肝心の本の話もなけりゃ。本命の面白かったっていう話、早く聞きたいもんだな」と上山は促した。すると、理恵もすっきりしたらしく、ストーリーを語り始めてくれた。

「一つは、ＳＦなんだけど、恐怖とロマンが織りなすストーリーで、……手に汗握るっていうほどじゃないんだけど、一気に読めちゃったし、なかなか面白かったわ……早く聞きたい？」さっきから、さんざん待たされどうしだった上山は、やっと、理恵から本の話になったので、先を急がせた。コース料理も終わりに近づき、杏仁豆腐とタピオカココナッツミルクが、運ばれてきた。

「じらさないで、早く、話せよ。聞きたいんだから……」と言いながら、上山はまだ皿に残っている水餃子を口に入れた。

「時代設定は三十年後の近未来、二十一世紀のことなの。地球防衛軍が外的から守るために、地球全体にバリアーを張っているんだけど、そこが破られて、ある地点にＵＦＯらしきものが落下するの。だけど、その痕跡がよく確認できないために……軍はおよその場所を特定して、その一帯を監視し続ける分け。のどかな集落に平和な家族。こんなところに……着陸？　と思いつつ……」と理恵は続けると、上山は、ストーリーの終わりを予想しはじめた。

「大体の展開は読めたよ。その一見平和そうに暮らしている家族ってのが、実は、怪しい分けだ」と、上山……。

「まぁ、そうなんだけど、その家族には麗しき未亡人がいて、三人の子供を抱えて、けなげに暮らしているのよ。それを何とか支えてやりたいと、監視中にも拘わらず、軍の大佐の思いは麗しき未亡人に募っていって、自分の立場を忘れてフォールインラブ。結局、その家族のもとに接近してしまうんだけど、そこで悲劇が……」

「もう、言うなよ、分かったよ。侵略もののよくあるパターンのひとつじゃないか。他にも、似たような展開のものがいくつかあって、地球侵略を狙ってくるのには、細菌であったり、UMAのようなモンスターが堂々と襲ってきたりっていうのもあるし……」と上山が続けた。さらに、

「他にも、エイリアンが、地球の女性に種の植え付け作業をして、子孫を地球上に繁殖させるっていうのもあるし……」と上山の解説が二度も入ったために、理恵は、

「もう、ちょっと話すのやめようかしら」と、気分を害したようだった。

「そう言うなよ。それより、あと一つの話ってのは？」と上山は促した。

「松本清張なんだけど、まぁ、短編としては異色な作品なんで面白いと思ったのよ」

「清張なら、『点と線』とかは読んだし、短編も何作かは読んだんでパターンとか傾向といっ

たことは大体分かるんだけど……」と上山もかつて読んだ『張り込み』のような作品を思い出して、またもや解説を入れて、話を遮った。

「まぁ、聞いて。それはね、文庫で読んだんだけど、松本清張が昭和三十二年に発表した短編らしいの、本人がO・ヘンリーのような味を狙ったと言っているくらいで、詐欺の手口にどうして引っかかったのかというところが……実に面白いのよ。早く聞きたい？」と。

「短編だから、上山さんにあらすじを話したら、面白くはないと思うんで、さわりのほんの一部だけをちょっと紹介するわ。それは、プライドの高い家柄の父親と婚期を過ぎた娘さんが騙される話なんだけど、ちょっと手の込んだ仕掛けがしてあって……そこは読んでからのお楽しみっていうことかしら。誰しも、金と名誉には弱いから……。それに、自称・大学の講師っていう男が持ってくる手土産が石包丁ってのが松本清張らしさが感じられて、そこも面白いのよ」と理恵。

「なるほど、結婚詐欺の話か。大体は読めたよ。何時《いつ》の時代にもそういう話はあるんだけど、松本清張ならひと捻りしてありそうなんで早速、読んでみるよ。あと、清張の短編なら『地方紙を買う女』とか『顔』なんていうのも割と面白いと思うよ。読んでみたら？」と今度は上山が付け加えた。すると、理恵は続けて、

「それと、今月のSF雑誌に出てたばかりなんだけど、上山さんは読んだかしら？　J・バーリーっていうアメリカの新進気鋭の作家らしいのよ。これは、SFミステリーってい

うところになるらしいんだけれど、サスペンスものではかなりのものよ」と言って『ＳＦマガジン』の最新号を渡してくれた。こうやって、理恵と話していると、いつも時間の経つのを忘れてしまうから不思議だ。

結局、理恵と話していると、あっという間に、二時間が過ぎていた。愚痴も聞いてやったし、読んで面白かったという本の話も聞くことができた。既にデザートは終わり、ラストのコーヒーになっていた。上山は二杯飲んだ。ここのコーヒーの味は、ちょっとした専門店並なので、上山には堪えられなかった。

「コーヒーの味は、食事の後に摂ってみると、その旨さが分かるんだよ。中華の店にしては、旨すぎるっていつも思うんだけど……」と上山が言うと……、

「そうね。同感だわ。でも、私は、「ラドリオ」で出してくれるウインナコーヒーの味が忘れられないのよ」と理恵。

「なるほど、あそこはウインナコーヒーの元祖っていうじゃないか。じゃ、あと一軒、コーヒー店の梯子でもするか？」と言うと、

「そうね、そこでは、マジな話をしようかって思うの。聞いてくれる？」と。

「マジな話って、一体何だ？」

「私も、そろそろお嫁に行きたいんだけど、貰ってくれるような人がいれば……」と理恵の口から思いもかけないような言葉が出てきたことに上山は驚いて、一瞬たじろいた。

「そりゃ、大変だ。勿論、相談にのってやるよ、理恵のためなら」と言いながらも……大体において、理恵が今更、そんな話をするのもどうかと思った上山は、

「でも、理恵くらいなら、彼氏の二人や三人はいるだろうし、引く手あまたで、あらたまってここで結婚の話ってのも……」と言うと、

「マジな話って、言ったでしょう。どうして、そういうことになるのかしら。ボーイフレンドくらいは、いるわよ。でも、それと、これは別っていうことなの」と、きっぱり。

上山にとっても、理恵からそんなマジな話が出るとは思ってもいなかったのだ。だから、ついに、来るべき時が来たというような、観念せざるを得ないような不安とほんの僅かばかりのあり得ない期待、微かな淡い思いが入り交じりあった複雑な心境になっていた。上山は、今ここに居るのは、異空間だという認識が、頭の半分くらいは占めてはいても……これが永遠に続くようであれば……といったような思いも少なからず、あった……。


実際のところは、理恵とはモデルのキャンペーンが終わってからは二、三度会っただけで、上山も故郷に帰って教職に就いたために、自然と疎遠になっていき、会うようなことはそれっきりなかった。確かに理恵も神田・神保町が好きだったために、神田以外に連れて行ってやることもなかったし、映画に誘ってやったこともなかった。本好き人間の特徴か、それから、何度も神田に行きながらも、会おうと思わないわけでもなかったが、そこまで

には至らなかった。青春の思い出の一頁として、留めておきたいという心理が働いたのかもしれなかった。

だからと言っては何だが、この異空間でなら、二十代の上山が素面《しらふ》では口に出せなかったであろうようなことも、今なら言えるような感じがしてはきていたのだが……。

……ウトウトした夢見心地とは裏腹に、喫茶店の椅子からずれ落ちそうになっている上山は涎を垂らしつつ口をモグモグさせていた。きっと、理恵より先に告白でも、するつもりであったのか……上山にとっての初恋は、果たして、甘いコーヒーになったのか、それともビターな苦い味になったのか……それより先に覚醒の時は、近づきつつあったようだ。

+

「お客さーん、起きてください。土曜日は店を四時に閉めるんですよ。普段なら、七時過ぎまでやってるんですけど。ごめんなさい」と理恵の声とは明らかに違うビジネスライクな声が耳に入ってきた。ハッとすると、先の喫茶店のウェイトレスの声であった。上山は慌てて口元の涎を拭いた。

「ええっ、四時？」と言いかけて、何か狐につままれたような感じがした。今さっきまで、ランチを一緒に摂っていた理恵は？　どこに？「ミロンガ」じゃなくって、「ラドリオ」に行って話を聞いてやろうと思っていたのに……と、我に返ったというよりは、今が夢ではないかと……頬を思い切りつまんでみた。

この痛さで、やっと、現実に戻れた気がした。ということは、この店に入ってから二時間以上もウトウトと寝てしまったということなのか。あの、かつての店と同じような雰囲気の中で、眠りについてしまい、うつらうつらと夢見心地になって……三十余年前に戻ったかのような夢を垣間見せてくれたという分けか……。そういえば、当時も発送作業をして、モーニングを頼んだときには、ついウトウトとしてしまって昼近くになって、起こされた時があったことを思い出した。

奥からマスターらしき人物が、その父親と思しき八十絡みの老人を連れてきて、話しかけてきた。

「実は、ウチの店は昔はもっと西にあって、表通りに面してました。中央書房や新光印刷の人たちのたまり場的存在だったんですよ。この場所に移ってきてからも、よく来てくれましたから、テーブルや椅子はもとより店内の配置も昔と同じようにしたんですよ……」

とその老人は昔を懐かしむように話した。

「これだけ浮き沈みの激しい時代にも、ちゃんと、中央書房は残ってますから、堅実な会社ですよ。新光印刷もやってはいますが、印刷会社の方は結局、大手に吸収されて下請けで生き延びたっていう感じですかね」と今度は若いマスターが続けた。それを聞くと、上山は急に、昔勤めていた中央書房を訪ねたくなって、居てもたってもいられなくなってしまった。今日は、土曜だから休みには違いないが……折角、来たんだから寄ってみることにしようと。何度もこの神保町に来てはいても、昔、勤めた会社に寄るのは抵抗があって、行きそびれていた。

四時を過ぎると、完全に陽は傾きかけていたが、中央書房のビルは昔のままに残っていた。古くはなったが、昔のままの四階建てのビルは健在だった。ついでに、上山は、後ろを振り向いたが、明大の校舎は新しい高層ビルになっていて、かつての建物ではなかった。これが、現実か、と今さっきまでここを歩いていた自分を思い返していた。そして、世界飯店にも足をのばして入ってみた。腹は空いてはいなかったが、理恵と食べたランチのコースを注文してみた。出てきた料理は理恵と食べたものと全く同じで、味も全く変りはなかった。最後に出てくるデザートだけが、マンゴープリンに変わっていたが、コーヒーの味は同じだった。

思えば、あれから、地元に戻って教員生活に入って三十余年。長かったようで短い年月だった。就職後、東京に居たのは二年余り、この神田の地で、働いたのは一年にも満たなかったが、理恵のことも含めて、思い出の一頁になるほどに、中身の濃い時間だった。オンリー・イエスタディーと言ってしまえば、それまでだが……。

十一

今日は、次男の専門学校探しに神田へやって来たというのに、あの喫茶店に入ったことで、息子のことではなく、上山自身の過去を振り返る旅になってしまったようだ。息子には、入学案内のパンフレットや願書をやって考えさせればいいだろう。親としての役目はこれで果たしたことになる、と上山は、自分を納得させた。

それより、理恵が話してくれた清張の短編を実際に読みたくなったたし、「ラドリオ」にも何としても行きたくなった。

今、理恵は、どこにいるのか、果たして結婚して幸せになっているのか、それとも、寂しくなって上山に夢を見させて愚痴話や本の感想を話してくれたのか。理恵から結婚の話などは実際にはありえなかったし、聞いたことさえなかったのに……、夢のなかで、久しぶりに上山の心臓は高鳴った……。

なにはともあれ、上山にとっては、今日の午後、ひょんなことから入った懐かしの喫茶店で、若き日の理恵にも会って、愚痴も聞きつつ本の話もできた。五十を過ぎて、若さがなくなりかけていた上山だが、二十代の理恵からパワーも貰ったような気さえして、これからの第二の人生にもいいスタートが切れるような気分にもなった。

神田・懐かしの喫茶店……は、過去へのタイムトラベルの入り口でもあったようだ。

後書き

前著にも書きましたが、このような本に後書きなど不要であるのは承知で、一言だけ付け加えさせて頂きたいことがあります。

前著（『本と読書の斜解学』の後書きで、「机上には、今回は間に合わなかった単行本未収録の原稿が四百枚近くはある」と書きました。前著には、主に五十代の前半までに書いた原稿を載せましたので、それ以降から停年退職に至るまでの五年ほどに書き溜めておいたものを、今回の『読書・満漢全席』に載せました。勿論、それ以前に書いた原稿もありますし、昨年新たにに書きおろした新稿も入っています。正に、玉石混淆、いや、殆ど石ばかりかも知れませんが、ともかく押し込んでみたわけです。

かつてのように毎月、原稿依頼があったときは、それに応ずるだけでそれなりに分量も溜まっていったのですが、今では、状況が一変したこともあって、自ら音頭取りをしながら、やっていくしかないというわけです。そうでもしないと、ナマケモノゆえ、締め切りがないと、どうしても、遠藤周作先生の「明日出来ることは今日するな」のぐうたら哲学で、原稿が少しも捗らないことになりかねません。重いおしりを押してくれる編集者こそ必要で、それを自分でやっていこうと考えたものが、個人誌『いりゅーじょん』でした。今年からは季刊にしましたので、その分、会員諸氏からの原稿も含めて、執筆量も自ずと増えていくのではと思っています。

かつてSFのファンジンをやっていたときのように、自らが常連の寄稿者であり、編集者兼発行者でもあるというわけです。

読書を独り愉しむのも悪くはありませんが、折角の得たものや個人研究したものをそのままにしておくのはもったいない……今は亡き「参土会」（山下 武主宰）の会誌『さんどりあ』の趣旨もそんなところにあったように思います。

前著の後書きにも書きましたが、今後もより一層マイ・ペースで書き続けていきたいものだと思っています。「惜しみなく時間を消費し、得心できる仕事をすること……いついかなる場合にも」（山下 武）。

前著に引き続き執筆の後押しをして励ましていただいた、北辰堂出版の今井恒雄会長と編集部の方々に感謝申し上げます。

植沢淳一郎

平成二十八年二月吉日

植沢淳一郎（うえざわじゅんいちろう）
本名米山哲雄　山梨県生まれ。コピーライター、雑誌エディターを経て、公立学校教員として勤務。総合教育センターでは研究員として教育相談・臨床心理学を専攻、平成27年3月公立学校長を退職。現在「古書探偵倶楽部」を主宰、倶楽部マガジン「いりゅーじょん」を発行。上級心理カウンセラー、日本英語教育史学会会員、書皮友好協会会員。論文には、「過剰適応と社会不適応」「社会不適応対応の諸相」（総合教育センター50周年記念入賞論文）など。著書には『雑書濫読』『本と読書の斜解学』（単著）、『安吾再読』（共著）がある。

読書・満漢全席
本に関するコラムと古本ミステリー&SF

平成28年2月25日発行
著者／植沢淳一郎
発行者／今井恒雄
発行／北辰堂出版株式会社
発売／株式会社展望社
〒112-0002 東京都文京区小石川3-1-7 エコービル202
TEL:03-3814-1997 FAX:03-3814-3063
http://tembo-books.jp
印刷製本／株式会社ダイトー

ISBN 978-4-86427-206-3　定価はカバーに表記